古代インドの神秘思想

初期ウパニシャッドの世界

服部正明

法藏館文庫

本書は、一九七九年一月に、講談社より講談社現代新書として刊行されたものである。その後、二〇〇五年一〇月に、講談社学術文庫版が刊行された。

収録にあたって、講談社学術文庫版を底本とした。

法蔵館文庫版の刊行によせて

ウパニシャッドの思想についてまとめたこの小著が、講談社現代新書の一冊として出版されたのは、今からおよそ半世紀前の一九七九（昭和五四）年であった。幸いよく読まれて幾度か版を重ねたが、やがて絶版となった。二〇〇五（平成一七）年には同出版社から学術文庫版が刊行されたが、これも既に絶版となっている。このたび法藏館から、同社が数年前にはじめた「法藏館文庫」にこの小著を加えたいという意向を伝えられたとき、はじめはいささかの躊躇をおぼえたが、やがて申し入れを喜んで受け入れる気持ちになった。

躊躇の理由は、近年におけるヴェーダ祭式研究の著しい進展と、小生の老化の自覚とである。ウパニシャッドがヴェーダ諸文献の最後に成立したものであり、その哲学がヴェーダ祭式と関係が深いということは、本書の中に強調したが、ヴェーダ文献の時代よりかなり後に逐次に成立した哲学諸派の学説書の研究を主としていた小生にとって、祭式文献は縁遠いもので、その極く一部を研究者の解説を頼りに読むのが精一杯であったが、当今は特異な文体の祭式文献をよく読みこなし、祭式における一挙手一投足の意味を解明する研究者が、わが国においても稀ではなくなり、すぐれた研究成果が挙げられている。徒に寿命を重ねて、やがて満百歳となる小生は、それらの研究成果に目を通すことが出来ないばかりではなく、発表されていることさえ知らないことが多くなった。知己であった外国の学者も、皆すでに学界を退き、時に後進の若い研究者から外国における研究の現状を聞いても、すぐに忘却してしまうといった有様である。

しかし、半世紀前に出版され、インド古代思想の研究を志す人々に広く読まれるとともに、西洋の哲学や宗教を専攻している諸氏、その他多方面の方々にも読んでいただいた本書が、新たな文庫版として復刊されるのは、筆者にとってまことに嬉しいことと思っている。

最後に、本書の出版に至る煩瑣な業務に、熱意をもってあたって下さった法藏館編集部の上山靖子さんに、厚く御礼を申し上げたい。

二〇二四年五月

著　者

はしがき

インドの神秘思想について書くことを講談社の田代忠之さんに勧められたのは、三年前（一九七五年）のことであった。インドの神秘思想というと、オカルティズムの流行で近年しばしば紹介されている、タントラとかヨーガなどが直ちに連想されるかも知れないが、その領域のことについて私はまったく無知なので、田代さんにもそうことわって、範囲を古代インドに限り、ウパニシャッドの神秘思想について書いてみることにした。

近年、世界の古典を集成した叢書の中に、主要なウパニシャッドの抄訳が収録されるようになったが、西洋や中国の古典に見られるのとは著しく異なった、このインド古典の思考法や思想内容を的確に理解するためには、翻訳と並んで、種々の観点からの解説があることが望ましいと思われる。しかし、ウパニシャッドに関しては、インド哲学史を概説した著作の中の一章に一般的な解説が与えられている以外には、ごく少数の専門書があるのみで、特に深い関心を持つ者でなければ、その思想について知る機会がほとんどないのがわが国の現状である。

そこで筆者は、ウパニシャッドの神秘思想について書くにあたって、重点を「神秘思想」よりも「ウパニシャッド」の方におく方針をとることにした。すなわち、ウパニシャッドに収載されているさまざまな教説を神秘思想という観点からまとめるのではなく、その本質において神秘思想と性格づけることができるウパニシャッドの教説を、古代的な表象・観念や、呪術・祭式学的思考法をふくんだ形態のままとりあげ、思想史的に解明するという方法をとることにしたわけである。

本書において考察の対象としたのは、古ウパニシャッドのうち、初期の作品数篇である。中期ウパニシャッドに見られる哲学思想や神秘主義的修行法としてのヨーガについては、詳述するだけの紙数のゆとりがなくなったので、エピローグにおいて簡単に触れるにとどめた。

ヴェーダ文献の中におけるウパニシャッドの位置と、古ウパニシャッドの名称・分類は、四一―四二ページに記した。本文中にウパニシャッド名をあげるときには、『チャーンドーギヤ』等と略記し、特に長い題名を持つ『ブリハッド・アーラニヤカ・ウパニシャッド』は簡約化して『ブリハッド』とした。ウパニシャッドの拙訳を随処に挿入し、訳文の末尾に、出典、章・節・小節番号を明示したが、引用頻度の高い出典については左記の略号を用いた。
B＝『ブリハッド・アーラニヤカ・ウパニシャッド』
C＝『チャーンドーギヤ・ウパニシャッド』
K＝『カウシータキ・ウパニシャッド』
ブラーフマナ文献のうちでは、専ら『シャタパタ・ブラーフマナ』を用いたが、この書名は、本文中にも、訳文の末尾にも『シャタパタ梵書』と記した。

繁忙と健康上の理由のために、なかなか執筆に専念できず、延引を重ねるうちに三年経過してしまった。その間、計画を放棄してしまわないようにと、根気よく執筆を勧めて下さった田代さんに、その熱意のおかげでようやく拙文を書き終えたいま、感謝の意を表わしておきたい。

一九七八年十月

著　者

目次

古代インドの神秘思想——初期ウパニシャッドの世界

プロローグ

高校（旧制）のころ、哲学の時間に、雑談好きの教授が禅問答のことなど話していたことがある。――「空にある星の数はいくつか」と問われたら、「××」と、自分の年齢を答えればよい。空の星を対象的に見るのではなく、自分が空の星そのものになってしまうのだ、といったような話の中に、「われは梵（ブラフマン）なり」「汝はそれなり」という句があったのが、私の印象にとどめられていた。

それがウパニシャッドの思想の核心を表明したものとしてしばしば引き合いに出される句であることを知ったのは、インド古典を学ぶようになってからであった。ただ、「ブラフマン」という語には、ウパニシャッドにおけるもう一つの重要な語「アートマン」とともに、時折触れる機会があった。西田幾多郎の『善の研究』を読んだとき、たしか知識の立場における真理と実践上の真理との一致といったことが論ぜられている個所で、インドでは哲学と宗教とが一体であって、根本実在であるブラフマンがわれわれの心であるアートマンと同一であることを知ることが、すなわち至福である、と述べられていたように記憶する。

ヘルマン・ヘッセの『シッダールタ』も高校生のころ深く心をとらえられた作品であったが、その冒頭部分に、沙門《しやもん》の生活に入るまでのシッダールタが、模範的婆羅門《バラモン》青年としてヴェーダの素養を身につけ、聖音オームを低唱し、自己の内部にブラフマンと一体のアートマンを観ずる様子が、淡々たる筆致で描かれていた。

哲学の教授が引いた句は、いずれも最古のウパニシャッドの中に見出される。

太初には、この世は実にブラフマンのみであった。それは自己自身を「われはブラフマンなり」(aham brahmâsmi《アハム・ブラフマースミ》)と自覚した。その結果それは一切となった。神々のうちでこれ(ブラフマン)を自覚した者は誰でも、それ(一切)となった。聖仙たちにとっても、人間たちにとっても同様である。……現在でも、このように「われはブラフマンなり」と知る者は、この世の一切となるのである。（B 一・四・一〇）

「ブラフマン」(梵)については後に詳述するが、ウパニシャッドにおいてそれは宇宙の最高原理と認められている。人が「われはブラフマンなり」と知るということは、自らを宇宙の最高原理に合一させること、そうすることによって個体としての自己の本質である「アートマン」（我）とブラフマンとの一体性を自覚することにほかならない。ブラフマンとの合一によって、われはもはや他のわれから区別された個体として存在するのではなく、この世の一切となるのである。

「汝はそれなり」は、ウパニシャッドの代表的哲学者の一人であるウッダーラカ・アールニが、息子のシュヴェータケートゥに向かって言った語である。師匠のもとでヴェーダを学習し了《お》えたシュヴェータケートゥは、意気揚々たる態度で帰宅したが、父ウッダーラカは、彼が師匠からたいせつな教えを学んでこなかったことを知って、自ら彼に「有の哲学」を教示する。その内容は第四章において考察するが、最高実在である「有」が万物に浸透していることを説いたウッダーラカは、そのことを具体的な例によって示すのである。

〔ウッダーラカ・アールニが息子シュヴェータケートゥに向かって言った〕「榕樹《ようじゅ》の実をそこから持って来なさい」〔息子は答えた〕「父上、ここに持ってきました」「割ってごらん」「割りました、父上」「そこに何が見えるか」「ほんの微《ちい》さな種がたくさんここにあります、父上」「さあ、そのうちの一つを割ってごらん」「割りました、父上」「そこに何が見えるか」「何も見えません、父上」父は彼に言った。「まことに、愛児よ、おまえに見えないこの微小なもの、——実に、この微小なものから、愛児よ、この大きな榕樹がこのように生い立っているのだ。愛児よ、信ずるように。この微細なもの、——この世にあるすべてのものはそれを本質としている。それは真実、それはアートマンである。シュヴェータケートゥよ、おまえはそれである（tat tvam asi《タット・トヴァム・アシ》）」

（C 六・一二・一—三）

ウッダーラカはつぎつぎに幾つかの例をあげ、そのつど「この微細なもの、——」以下の表現を繰り返している。「おまえはそれである」という句は、現象的存在であるシュヴェータケートゥという個体が、その本質において最高実在「有」——ウパニシャッドの一般的用語で表わせば「ブラフマン」——と同一であること、換言すれば、個体の本質であるアートマンと最高実在ブラフマンとの一体性を意味しているのである。

ウパニシャッドは一つのまとまった思想を説く書として編纂《へんさん》されたのではなく、その中にはさまざまな思想が収録されているが、「われはブラフマンなり」および「おまえはそれである」という二つの句に表明されているアートマンとブラフマンの一体性の思想が、全ウパニシャッドの最高峰をなすといってよい。この二つの句は、簡潔な表現の中に深い含蓄をこめた「大文章《マハー・ヴァーキャ》」として古来重視されてきた。アートマンとブラフマンとの一体性は、現象的存在としての自己からの脱却、最高実在ブラフマンへの帰入あるいはそれとの合一の体験を通して自覚される。初期ウパニシャッドは、最高実在との合一、冥合《めいごう》を説く神秘思想を、全編の中で最も代表的な思想としているのである。

第一章　古代インドの叡知——ウパニシャッドが現代に伝えられるまで

1　ウプネカット

悲劇の皇太子

海外旅行がさかんになって、インドを訪れる人も多くなった。インド旅行のプログラムには、よくアグラのタージ・マハール見学が組みこまれている。門を入って、均整のよくとれた、清純な、白大理石の巨大なモスクの美しさに瞠目《どうもく》した人々は、近づいて、その壁面の繊麗な模様に目を惹《ひ》きつけられ、それがペルシアの宝石をはめこんで描かれたものであることを知って、驚嘆の念を禁じえないであろう。中央のドームの真下の地下室に並べられた柩《ひつぎ》の中に、ムガル王朝第五代の皇帝シャー・ジャハーンと、その后《きさき》ムンタズ・マハールが安らかに眠っている。

十九年のあいだの伴侶であった愛する后が、四十に達せぬ若さで永眠したのを深く悲しんだシャー・ジャハーンは、巨万の費用を注ぎこんで、彼女の遺体を安置するために、ヤムナー河のほとりにこの美しいモスクを建てた。そして、自分が死んだ後には、ヤムナー河の対岸に、タージ・マハールと規模・様式をまったく同じくする黒大理石のモスクを造らせ、その中に葬られたいという願いをいだいていた。

シャー・ジャハーンのこの願いは果たされなかった。彼は息子のアウラングゼーブによって王位を剝奪《はくだつ》され、アグラ城の一室に幽閉《ゆうへい》されて、悲劇の晩年を送るのである。

幽閉の身にあるシャー・ジャハーンは、ヤムナー河に面するテラスから対岸のタージ・マハールを望見して涙にくれていたが、番卒《ばんそつ》は彼に河の方を向くことを禁じてしまった。彼の心を察した従者がテラスの柱にこっそりと掛けた小さな鏡に映るタージ・マハールを見て、愛する后とともに過ごした昔日を偲《しの》ぶことを心の慰めとしながら、祈りと瞑想《めいそう》に晩年の日を送って、シャー・ジャハーンは一六六六年に七十四歳で逝去した。

シャー・ジャハーンには四人の息子と二人の娘とがあった。彼を斥《しりぞ》けて皇帝位についたアウラングゼーブは彼の三男であった。政治にも軍事にもすぐれた資質を具《そな》えていたのはこの三男であったが、彼が殊《こと》のほか愛していたのは、温和で篤実《とくじつ》な長男ムハマッド・ダーラー・シコーであった。ムガル王朝第三代の皇帝として、ムスリム帝国体制を確立した曾祖父アクバルがそうであったように、ムハマッド・ダーラー・シコーは、リベラルな精神の持主で、イスラム教徒以外の者と交わり、正統ヒンドゥーのヴェーダーンタ哲学や、タルムード、新約聖書の教義を学び、ムスリム正統派からは異端視される神秘主義スーフィズムに深い関心を寄せて、スーフィーの説く神との合一をヴェーダーンタ哲学と調和させようとした。彼は一六五六年に、ヒンドゥー教の聖都ヴァーラーナシーの学者たちを招いて、ヒンドゥー哲学・宗教思想の源泉であるウパニシャッドを、ペルシア語に翻訳させた。これが一世紀半を経たのちにラテン語に重訳されて、ドイツの哲学者ショーペンハウアー（一七八八―一八六〇）を深く感動させることになるが、ダーラー・シコーは程なく、弟のアウラングゼーブによって、イスラムの信仰からの逸脱を理由に、死刑に処せられるのである。

一六五七年にシャー・ジャハーンが病床につくと、皇帝位をうかがう息子たちはあいついで兵を起こしたが、軍事に長《た》け、すぐれた統率力を持つ三男アウラングゼーブが野望をとげ、他はすべて弑《しい》せられた。

マルワー地方に反逆ののろしをあげたアウラングゼーブは、ウッジャイン南方でシャー・ジャハーンの差し向けた軍を破ったのち、一挙に首都アグラに迫り、近郊に迎え撃ったムハマッド・ダーラー・シコーの軍を殲滅《せんめつ》してアグラ城を陥れ、シャー・ジャハーンから皇帝位を剝奪した。父に幽囚《ゆうしゅう》の生活を強い、挙兵の際に提携した弟を謀計にかけて死刑にしたのち、アウラングゼーブはデリーにおいて自ら皇帝を宣した。

ベンガル地方に反旗をひるがえした次男は、敗走して跡を絶ったが、長男ダーラー・シコーは最も悲惨な死をとげる。彼はラホールに拠《よ》って蹶起《けっき》の機をうかがおうとしたが、進撃してきたアウラングゼーブの軍に再び完敗した。その後、追跡をかわして各地を転々としたあげく、西北インドの山間部に逃れた彼は、かつて恩顧をかけたことがあるアフガン系の王を頼ったが、その裏切りにあって、虜囚《りょしゅう》としてデリーに送られてしまった。小さい牝象の背にのせた天蓋もない粗末な席に坐《すわ》らされ、暑い日ざしに曝《さら》されたままデリーの市中を引き回されるかつての皇太子ダーラー・シコーの姿を見て、人は悲嘆の声をあげ、涕《てい》泣《きゅう》した。アウラングゼーブはダーラー・シコーを法廷に引き渡し、彼は背教者の烙印《らくいん》をおされて、一六五九年八月三十日、断頭の刑に処せられたのである。

デュペロンの訳業

ムハマッド・ダーラー・シコーがペルシア語に訳させたウパニシャッドを、ラテン語に重訳したのは、フランスの東洋学者アンクティル・デュペロン（一七三一―一八〇五）である。

彼はゾロアスター教の聖典『アヴェスター』の写本をパリで見る機会を得てからは、古代ペルシア語を習得したいという熱望をおさえることができず、東洋に赴く機会を求めてフランス東インド会社の兵士募集に応じ、一七五五年に南インドのポンディシェリーに到着した。所期の目的にたどり着くまでの道のりは遠く、軍の作戦にともなって身を危険にさらすこともあり、彼は疲労と失意、そして重患に痛めつけられたが、一七五八年にスラート地方で二人のパルシー僧に出会って、研究の端緒を得ることができた。彼はその地で古代ペルシア語とゾロアスター教義とを学び、また古代・中世・近代ペルシア語やグジャラート語の写本を数多く手に入れた。それらの写本は彼の帰国後にパリの国立図書館に寄贈された。

一七六二年に帰国したデュペロンは、かねての念願であった『アヴェスター』の翻訳にとりかかり、一七七一年にはその仏訳を出版した。その後、彼の関心はウパニシャッドに向けられるのである。

彼はインドに赴くとき、サンスクリット語をも学びたいと思っていたが、その機会は得られなかった。しかし、最古の宗教聖典ヴェーダやヒンドゥー教についての知識は、インドにおける見聞によって豊富になっていた。一七七五年に、彼はファイザバードに在った友人を通して、ペルシア語訳のウパニシャッドの写本を手に入れた。それは悲劇的に生を終えたムハマッド・ダーラー・シコーがヴァーラーナシーの学者たちに訳させた、五十二篇のウパニシャッドの写本であった。

デュペロンはウパニシャッドに心酔し、その翻訳に着手した。彼はこの古典を、初めはフランス語に訳したが、その荘重な思想を伝えるためには、ラテン語の方が適切だと考えるに至った。このきわめて困難な訳業を続けるうちに、彼はしだいに髪の白む年齢に達し、そして、フランス革命の勃発《ぼっぱつ》にともなう欠乏の生活にも耐えなければならなかったが、「至高存在と人間とに関する知識を促進する新しい試み」に、彼の情熱はかき立てられた。

ウパニシャッドの文章の意味を解明するために、デュペロンはしばしば、彼の教養の範囲内にある古今東西の哲学・宗教思想を引き合いに出している。さまざまな宗教が互いに異なった教義によって説いている万有の唯一の父、一つの精神原理が、ウパニシャッドの中に、最も明瞭・直截《ちょくせつ》に啓示されているのを彼は見出したのであった。辛苦の末に成った彼のラテン語訳は、一八〇一—〇二年に、大型判の二巻本『ウプネカット』(Oupnek'hat)として出版された。こうしてウパニシャッドは西洋の知識人の間に読者を持つこととなった。ショーペンハウアーに深い感動を与えたのは、このデュペロンのラテン語訳である。

インド文化への関心

当時サンスクリット語は、イギリス人によって学び始められたばかりであった。一七七三年に初代ベンガル総督となったウォレン・ヘイスティングスが、インド統治のためには土着の宗教的・社会的慣習を尊重することが必要と考えて、婆羅門《バラモン》の学者たちに古来の法典の抜粋を編纂させたときには、サンスクリット語の法典をいったんペルシア語に訳し、それから英訳するという迂路《うろ》を経なければならなかった。この経験によって、サンスクリット学習の必要性を認めたヘイスティングスは、若いチャールズ・ウィルキンス（一七五〇—一八三六）に、ヴァーラーナシーでサンスクリットを学ばせた。ウィルキンスは一七八五年に、ヒンドゥー教徒の間に最も広く読まれている宗教詩『バガヴァッド・ギーター』の英訳を出版したが、サンスクリットの原典が直接ヨーロッパ語に翻訳されたのはこれが初めてであった。ウパニシャッドの原典の出版、その厳密な翻訳がなされるまでには、なお歳月が必要であった。

ただ、インド文化への関心は、ウィルキンスに続いて、インド古典研究の本格化を進めたウィリアム・ジョーンズ（一七四六—九四）、ヘンリー・トマス・コールブルック（一七六五—一八三七）等の業績を通して、西洋にも醸成されつつあった。インド古典文化の最盛期といわれるグプタ王朝時代の詩人カーリダーサの戯曲『シャクンタラー』の英訳を、ジョーンズは一七八九年に出版したが、それが翌々年にはドイツ語に重訳され、ゲーテ（一七四九―一八三二）やヘルダー（一七四四―一八〇三）に強い感動を与えたことはよく知られている。やがてドイツ浪漫派の驍将《ぎょうしょう》フリードリッヒ・フォン・シュレーゲル（一七七二―一八二九）と、その兄アウグスト・ヴィルヘルム・フォン・シュレーゲル（一七六七―一八四五）を先蹤《せんしょう》として、ドイツにおけるインド古典研究の盛期が到来する。パリ滞在の間にサンスクリットを学ぶ機会を得たシュレーゲル弟が、『インド人の言語と叡知について』を出版し、「印欧語のうちで最も根源的な言語」であるサンスクリットで記されたインドの哲学・宗教の高貴な精神性を強調したのは一八〇八年であった。

デュペロンの『ウプネカット』は、合理主義の思想に適応して中国学が栄えた十八世紀から、浪漫主義を背景にしてインド古典学が隆盛になる十九世紀への過渡期にあらわれたのであった。

2　ショーペンハウアーからインド古典学へ

表象と意志

デュペロンのラテン語訳の文体がきわめて解《わか》りにくいものであることは、一八七九年に出版されたマックス・ミュラーのウパニシャッド英訳の序文に記されている。デュペロンはペルシア語を逐語的にラテン語に置き換え、ラテン語の文法を無視してペルシア語の文章構造を精確に再現するという方法をとったのである。この方法をショーペンハウアーは、ダーラー・シコーのペルシア語訳をそれにふさわしい畏敬《いけい》の念をもって取り扱ったものとして讃《たた》えた。そして、それゆえにデュペロンのラテン語訳は信頼して読むことができる、と彼は述べているのである。

ショーペンハウアーはウパニシャッドの中に、彼自身の思想が表現されているのを見出して感動したのであった。彼の主著『意志と表象としての世界』の初版の序言に、そのことがはっきりと記されている。彼が同書の中に講述しようとする思想を理解するためには、まずカントの哲学を熟知していることが必要である、と彼はそこに述べているが、さらにプラトンの学舎に身を置き、ウパニシャッドを通してヴェーダの恩恵に与《あずか》った者ならば、いっそうよくその思想を理解する準備ができている、と彼は付言する。そして、「ウパニシャッドを構成している個々の、断片的な言辞のひとつひとつは、私が伝達しようとしている思想から結論として導き出されるものである」と言明しているのである。

「世界は表象である」というのがショーペンハウアーの根本思想である。この世界にあるものはすべて必然的に主観に条件づけられている。それらは主観によって、時間・空間内にあり、原因・動機によって生ずる――充足理由律に従っている――と知られる。したがって、すべての現象的存在は、主観によって構成されたもの、主観にとってのみ存在するものであって、それ自体で存在することなく、夢のように実在性を持たないものである。彼は現象を実在とみなすヘーゲル、シェリングを斥け、現象の背後に実在を求める点においてカントに同ずる立場をとった。

主観から独立に、現象の背後に実在するのは、彼によれば、意志である。主観的に構想された表象としての世界は、究極的には、主観の根底をなす意志によって造り出されているのである。意志はあらゆる現象的存在の基底にあり、それは本来は個別的に分化されていない。個別性は、時間・空間内にあり、充足理由律に支配される現象的存在にのみ属するのである。

ブラフマンとの再結合

ショーペンハウアーはこの意志を、ウパニシャッドに説かれ、ヴェーダーンタ哲学の中心概念となる「ブラフマン」と同一視した。彼はマックス・ミュラーの論文によって、「ブラフマン」は、力、意志、意欲、創造の推進力であると理解したのである。そして、ブラフマンは、本来、現象界の多様性をまったく離れているが、実在しないものを実在に重置する幻力《マーヤー》によって多様性を持つかのように現われる、というヴェーダーンタ学説に親近性を見出した彼は、幻力を「個体化の原理」として理解した。本来個別的に分化されていない意志は「個体化の原理」によって多様な現象的存在を生ずるのであって、こうして生ぜられた多様な現象はすべて主観的な表象にほかならない、と彼は説くのである。

意志は生存への没理性的な衝動として現われ、それは際限のない渇望へと人を駆り立てて、人生を苦悩に満ちたものとする。苦悩からの解《げ》脱《だつ》は、意志を否定することによってのみ達成される。意志の否定は決して生存の停止や消極的生存を意味するのではない。それは個体化の原理を離れて、現象の背後にある実在と一体化することであり、ショーペンハウアーはそれを「ブラフマンとの再結合」「ブラフマンへの再帰入」と表現している。

ショーペンハウアーはウパニシャッドに心酔するとともに、ヴェーダーンタ哲学、仏教思想にひきつけられている。彼は『リグ・ヴェーダ』第一巻をローゼンの翻訳によって読んだが、「かなり素朴な星辰崇拝の様相を持った祈《き》禱《とう》と儀式から成る」その宗教に関心を示さなかった。言うまでもなく彼の時代には、ウパニシャッドの思考と祭式・儀礼との密接な関係が明らかにされるほど、古典文献の研究は進んでいなかった。『ウプネカット』に対する彼の熱狂は、『余録と補遺《パレルガ・ウント・パラリポーメナ》』の一節によく示されている。

……ウプネカットは、全篇を通じて何とヴェーダの神聖な精神を呼吸していることか。精読して、この比類のない書のペルシア語―ラテン語に精通した人は、その精神によって心の内奥にどんなに感動をうけることか。その一行一行は、いかに確乎《かつこ》とした、明確な、そして首尾一貫して調和のとれた意味に満ちていることか。どのページからも、深い、根源的な、崇高な思想がわれわれの前にたちあらわれてくるとともに、気高い、神聖な厳粛さが全体に漂っている。ここでは、すべてがインドの空気を呼吸し、始原の、自然と親和した生存を生きている。そして、ここでは、精神は古くからそれに接《つ》ぎ木されたユダヤ的迷信や、それに隷従するすべての哲学から何とさっぱりと洗い清められていることか。それは(原典を別として)この世にありうる最も読み甲斐《がい》のある、最も高貴な作品である。それは私の生の慰めであったし、また私の死の慰めとなるであろう。

原典研究の進展

ウパニシャッドに対する評価は、インド古典文献学が進展するにつれて、ショーペンハウアー的熱狂とはちがった、より客観的なものとなっていったのは当然である。

ウパニシャッドを原典から直接ヨーロッパ近代語に訳した最初の人は、ブラーフマ・サバー（後のブラーフマ・サマージ）という協会を創設して、ヒンドゥー教近代化の運動の基礎を築いたラーム・モーハン・ローイ（一七七二―一八三三）であった。

イギリス東インド会社の官吏であった彼は、イギリス文化を通してキリスト教に心を惹かれたが、同じ宗教的真理がウパニシャッドの中に明説されているのを見出し、迷信と因襲によって歪《ゆが》められたヒンドゥー教を、この聖典に示される古代の純粋な宗教に復帰させたいと念願するようになった。退職後にカルカッタにおいて協会を設立したのは、この念願の実現を意図してであるが、それに先立って、彼は一八一六年から一九年にかけて、数篇のウパニシャッドを英訳し、それを自費で出版した。彼の英訳は、一八三二年にロンドンから出版された著作集の中に収められている。

ウパニシャッドと名づけられる作品はきわめて多数存在するが、後述するように、ヴェーダ学派に所属する古ウパニシャッドは、十数篇を数えるのみである。それらのウパニシャッドのサンスクリット原典は、ウィリアム・ジョーンズが設立したベンガル・アジア協会等から逐次出版されたが、オックスフォード大学の比較言語学教授であり、『リグ・ヴェーダ』原典の校訂出版という大業をなしとげたマックス・ミュラー（一八二三―一九〇〇）は、十三篇の古ウパニシャッドを英訳して、自らが監修した『東方聖書』の第一巻・第十五巻として一八七九―八四年に出版した。次いで一八九七年には、ショーペンハウアーの弟子であったパウル・ドイッセンが、デュペロンの『ウプネカット』を、数においても凌駕《りょうが》する六十篇のウパニシャッドの独訳を出版した。こうしてウパニシャッドは、『ウプネカット』の出版から一世紀の間に、諸分野にわたるインド古典の研究の進展にともなって、言語・文体の面からも、思想の面からも、研究が著しく進められた。

ドイッセンは、師におとらぬ熱烈さでウパニシャッドに傾倒し、「存在の究極の秘密に関する、最も学問的とはいえぬにしても、最も内的な、最も直接的な啓示」をそこに見出した。彼の哲学の基礎をなすのは、時間・空間内に存在する無限に多様な事物によって構成されている世界は、単なる現象であって、実在ではないという思想である。換言すれば、われわれが経験する世界は、それ自体としてはわれわれに知られない実在が、われわれの意識に自らを示している形なのであって、そのままの形で意識の外に存在しているのではない、というカント的な思想に、ドイッセンは立脚していた。そして、この思想は、まずウパニシャッドにおいて、つぎにパルメニデスとプラトンの哲学において、最後にカントとショーペンハウアーの哲学において明らかにされた、と彼は述べる。彼のウパニシャッド解釈は、このような思想にもとづいてなされているのである。

オルデンベルクの画期的な業績

ウパニシャッドの中にカントの哲学思想を読み込もうとする態度を排して、ウパニシャッドの哲学をヴェーダ時代における思想の展開過程の中に明確に位置づけながら考察したのは、ヘルマン・オルデンベルク（一八五四―一九二〇）である。ヴェーダ学をはじめ、インド古典学のほとんどすべての分野に画期的な業績をのこしたこの巨匠は、『ウパニシャッドの教説と仏教の起源』（一九一五年）において、ウパニシャッドの思想をヴェーダ文献全般に関する該博な知識を背景にしながら解明し、さらに、同書にもしばしば言及した祭式文献ブラーフマナに見られる祭式・呪術的思考法を、『先科学的科学――梵書の世界観』（一九一九年）の中に鮮やかに分析した。これらの著作によって、彼は、ブラーフマナ文献に見られる思考法、思想内容が、ウパニシャッドの哲学に深い関連を持つことを明らかにしたのである。

オルデンベルクが活動したのは、社会学者、文化人類学者、民族学者、宗教学者らによって、未開社会や原始宗教の研究が飛躍的に進歩をとげた時代であった。タイラーの『原始文化』（一八七一年）や、フレーザーの『金枝篇《きんしへん》』（一八九〇年初版）に提示された理論や豊富な事例は、ヴェーダ期の宗教・思想の研究に新たな視点を与え、たとえば、オルデンベルクと同時代のヴェーダ祭式学者ヒルレブラント（一八五三―一九二七）は、ウパニシヤッドにおける夢の中での経験の記述などを、グリーンランドや北米の先住民の間に見られるアニミズムの事例と対比している。オルデンベルクは前記の両著作において、原始的心性の特性を考察したレヴィ・ブリュル（一八五七—一九三九）の『未開社会の思惟《しい》』（一九一〇年。原題は『下級社会における心的機能』、山田吉彦訳〈岩波文庫〉の題名に倣う）に言及し、また彼が「ブラフマン」を神聖な、魔術的な力を持つヴェーダの語に内在する神秘的な流体と解釈するとき、コドリントン（一八三〇—一九二二）によって報告されたメラネシア人のマナの観念に「ブラフマン」との親近性を見出しているのである。

神秘主義の道とカントの道

ブラーフマナ時代のいわゆる「先科学的科学」については、次章に詳しく述べるが、オルデンベルクは、それからウパニシャッドへの連続性を明確にとらえるとともに、ウパニシャッドが、祭官の呪術的思惟を脱して、万有を支配する一元的原理の哲学的認識へと移行したものであることを認めている。そして、その哲学的認識は、ドイッセンがなしたように、西洋の近代の哲学、カントの理性批判に対比されるべきでなく、プロティノスやエックハルトの神秘思想と親縁関係を持つものであると彼は理解するのである。

彼はそのころ発表されたジンメルの『哲学の根本問題』（一九一〇年）にもとづいて、哲学的思索が存在の全体を把握する方法に、神秘主義の道とカントの道との二種があると述べる。

たとえばマイスター・エックハルトの神秘主義は、世界全体を一つの点に集める。——それは神が創造主とか愛というあり方を絶した、醇乎《じゅんこ》とした一として、神自身としてあるところであり、同時にそれは人間の魂の最奥の深みにほかならない。人間の魂がしだいにその我性を脱して神と一つであるその深みに達するとき、すなわち神自身が彼の魂の内奥に顕《あら》われてくるとき、彼はすべての存在の根底に達したのであり、万有を直接に全体として体験するのである。

カントの道は別の方向へ走っている。世界の内容は認識過程において悟性がそれに与える形式をとる、とそこでは考えられる。外的世界は、それ自体では知られず、われわれにとってはただ感性的直観に与えられた多様であり、混沌であるが、それは悟性から形式を与えられてはじめて統一された対象として成立する。すなわち、世界はわれわれの意識の中にあり、意識の中において一つの全体を形成しているのであって、意識内容の外にある物自体については、われわれは何も語りえないのである。

神秘主義においては、世界全体は形式を持たない実体に還元してとらえられ、カントにおいては、内容をはなれた形式に還元してとらえられる。ウパニシャッドの思想をカントに近づけて解釈するのは、オルデンベルクによれば、この相異なる二つの道を混同した、誤った試みというべきなのである。

「まず明らかなことは、カントにおいては認識論上の問題にすべてがかかっているが、認識論上の問題を提出したり、前面におし立てたりすること、われわれの世界像において、物から由来するものと、物をとらえる認識機関に由来するものとを区別しようとすることは、ウパニシャッドにまったくかかわりがないということである」と彼は明確に述べる。さらに、ウパニシャッドの中に、認識能力の詳細な分析はともかくとして、世界は意識にとってのみ存在するものであり、カント的な意味における現象であるという思想は認められる、という見解も彼は斥け、それは古代における星宿の観察を、コペルニクスやケプラーの天文学と同列に置くようなものであるというのである。

ウパニシャッドに親近性を持つものは、カント哲学ではなく、エックハルトの神秘主義的思想である、とオルデンベルクは言明する。エックハルトにおいてと同様に、ウパニシャッドにおいても、この世に現存する人間は、自らの根底において、自らを超えたもの——それはエックハルトにおける「無」、すなわちいかなるあり方をも絶した神の本質であり、ヤージニャヴァルキヤが「非ず、非ず」によって標示する（第五章参照）ものである——に結びついているという思想が、全篇の基調をなしている。エックハルトが人間の魂の最内奥に神――「魂の中の非被造的な光」「閃光《せんこう》」――を見出したように、ウパニシャッドにおいても、個体の本質アートマンは、個体の内奥に顕われた最高実在ブラフマンであると説かれるのである。色彩や筆致に相異があるのは自明のことであるが、ウパニシャッドはエックハルトのキリスト教神秘主義に内的な親縁関係を持ち、また新プラトン派のプロティノスや、スーフィズム（イスラム神秘主義）に思想的に近接している、というのがオルデンベルクの見解であった。

ウパニシャッドに関する文献学的研究は、オルデンベルクから今日に至るまでの間に著しく進められたが、彼が描き出したウパニシャッド思想の輪廓、彼が明示したウパニシャッドの思想史的な位置づけは、その後の研究の基礎となり、今日においても基本的に妥当性を失わないものである。

3　古ウパニシャッド

ヴェーダとは何か

「ウパニシャッド」とは、首尾一貫した思想を説く単独の著作ではなく、長い年月の間にしだいに編纂された、思想内容も多様な、一群の典籍に与えられた名称である。「ウパニシャッド」という名を持つ作品は後代に至るまで逐次に現われるが、本書にとりあげるのは、それぞれ特定のヴェーダ学派に伝承された古ウパニシャッドで、ヴェーダ文献の一部をなすものである。

「ヴェーダ」は動詞 vid-（知る）から派生した語で、知識、とくに神聖な宗教的知識を意味するが、その知識を収録した文献群が「ヴェーダ」と総称される。ヴェーダの基幹部をなすのは、祭式において祭官がとなえるマントラ、すなわち讃誦、歌詞・旋律、祭詞、呪詞を集成したサンヒター（本集）で、これに対する付属文献がブラーフマナ（梵書）、アーラニヤカ（森林書）、およびウパニシャッドである。サンヒターには、職分を異にする祭官のそれぞれに所属する四種がある。すなわち、神々を祭場に招く勧請官《ホートリ》がとなえる讃誦《リチュ》の集成であるリグ・ヴェーダ、歌詠官《ウドガートリ》が神々を讃えて唱《うた》い上げる歌詞《サーマン》・旋律の集成であるサーマ・ヴェーダ、祭式の実務を担当し、供物を調理し、神々に献ずる行祭官《アドヴァリユ》がとなえる祭詞《ヤジュス》の集成であるヤジュル・ヴェーダ、祭式全般を監督するブラフマン祭官がとなえる呪詞の集成であるアタルヴァ・ヴェーダである。このサンヒター部門が狭義の「ヴェーダ」で、「リグ・ヴェーダ」といえばリグ・ヴェーダ・サンヒターのことである。

サンヒターに収録されているマントラに対して、神学的説明をほどこしている文献がブラーフマナである。その内容は儀軌《ヴィディ》と釈義《アルタヴァーダ》とに区別され、前者は祭式の規定を、後者はマントラの意義を説明・解釈したものである。サンヒターとブラーフマナとは、それぞれ独立の書となっているのが通例であるが、ヤジュル・ヴェーダの中には、マントラとブラーフマナとを一書に合わせてサンヒターと称するものと、両部門が分かれているものとがあり、それぞれ、黒ヤジュル・ヴェーダ、白ヤジュル・ヴェーダと称せられる。

アーラニヤカは、人里離れたところで行なわれるべき秘儀的な、または危険な祭式の規定・意義説明で、そこには万有の原理に関する哲学的考察もしばしば見られる。アーラニヤカとウパニシャッドとは、ともにブラーフマナの中に含まれていることがあり、また、ウパニシャッドがアーラニヤカに含まれていることもある。

ヴェーダ文献の最後の部門を形成するウパニシャッドにおいて、それまで祭式の基盤の上に徐々に展開されてきた哲学的考察は、しだいに祭式から離れて、それ自体として価値を持つものとなった。そして、人に繁栄と福祉をもたらす祭祀の実行よりも、人を解脱にみちびく哲学的「知識」の方がいっそう重要と考えられるようになった。ウパニシャッドはヴェーダ文献の最終部門であるから、しばしば「ヴェーダーンタ」（ヴェーダの末尾《アンタ》）とよばれるが、後にはこの呼称が「ヴェーダの極致」の意味に解釈されるのである。

古ウパニシャッド

数多くのウパニシャッドのうちで、次に挙げる諸篇がヴェーダ学派に所属する古ウパニシャッドとして認められ、文体・語法・思想内容などの点から三期に分けられている。

Ⅰ　初期散文作品

1　チャーンドーギヤ・ウパニシャッド（サーマ・ヴェーダ所属）
2　ブリハッド・アーラニヤカ・ウパニシャッド（白ヤジュル・ヴェーダ所属）
3　アイタレーヤ・ウパニシャッド（リグ・ヴェーダ所属）
4　タイティリーヤ・ウパニシャッド（黒ヤジュル・ヴェーダ所属）
5　カウシータキ・ウパニシャッド（リグ・ヴェーダ所属）
6　ケーナ・ウパニシャッド（サーマ・ヴェーダ所属。前半は韻文。初期と中期の中間に位置する）

Ⅱ　中期韻文作品

7　イーシャー（またはイーシャーヴァースヤ）・ウパニシャッド（白ヤジュル・ヴェーダ所属）
8　カタ（またはカータカ）・ウパニシャッド（黒ヤジュル・ヴェーダ所属）

9　シュヴェーターシュヴァタラ・ウパニシャッド（黒ヤジュル・ヴェーダ所属）
10　ムンダカ・ウパニシャッド（アタルヴァ・ヴェーダ所属）
11　マハーナーラーヤナ・ウパニシャッド（黒ヤジュル・ヴェーダ所属）

Ⅲ　後期散文作品

12　プラシュナ・ウパニシャッド（アタルヴァ・ヴェーダ所属）
13　マイトリ（またはマイトラーヤナ）・ウパニシャッド（黒ヤジュル・ヴェーダ所属）
14　マーンドゥーキヤ・ウパニシャッド（アタルヴァ・ヴェーダ所属）

このほかに二十世紀になってから原典が発見された次の三篇も、古ウパニシャッドとして認められている。

15　チャーガレーヤ・ウパニシャッド（初期散文作品。ヤジュル・ヴェーダ所属）
16　バーシュカラ・マントラ・ウパニシャッド（中期韻文作品。リグ・ヴェーダ所属）
17　アールシェーヤ・ウパニシャッド（後期散文作品。アタルヴァ・ヴェーダ所属）

これらのウパニシャッドは、西暦前六〇〇年ごろから前二世紀ごろにかけて、逐次に成ったと推定されている。
本書ではI（初期散文作品）が考察の対象となっている。

4　神秘思想

絶対者と自己との合一

初期のウパニシャッドの思想を神秘思想としてとらえる点において、筆者はオルデンベルクの見解に従っている。神秘思想の根底には神秘体験——絶対者と自己との合一の体験があることはいうまでもない。その体験が神秘主義の核心であるが、それが反省的に思考されるときに神秘思想が形成される。神秘主義という語から、当節流行のオカルティズムを期待されることのないように、初期ウパニシャッドの神秘主義をここに素描しておくこととしたい。

神秘主義は「神、最高実在、あるいは宇宙の究極根拠などとして考えられる絶対者をその絶対性のままに自己の内面で直接に体験しようとする立場、そしてその体験によって自己が真実の自己になるとする立場」（小口偉一・堀一郎監修『宗教学辞典』）と定義づけられている。それは神を自己を超えた他者として表象し、神に帰依し、神の恩寵・救済にあずかろうとする立場とは本質的に異なっている。他者として表象される人格神に対する信仰は、後代に普及するヒンドゥー教において顕著になるが、初期のウパニシャッドには、神への信愛《バクティ》、神の恩寵の観念は未《いま》だあらわれず、アートマンとブラフマンの合一の思想がその核心をなしている。ブラフマンの概念が婆羅門の神学的思弁から生まれたものであったのに対して、アートマンは職業的祭官に限られない広い層の人々が関与した、死後の運命、生命の本質への問いをめぐる思索によって、主体の内部に見出された要素である。そのアートマンが最高実在ブラフマンにほかならないこと、換言すれば主体の内奥に絶対者が自らを顕わし出していることをありありと直覚して、その体験を驚きと感動をもってうたいあげたのはシャーンディリヤであった（第三章参照）。彼を先駆として神秘思想家があらわれる。ウッダーラカが息子に向かって端的に「おまえはそれ（最高実在）である」というとき（第四章参照）、ヤージニャヴァルキヤが「偉大な不生のアートマン」について確信に満ちた調子で語るとき（第五章参照）、彼らは、ブラフマンとアートマンの合一の体験を拠りどころとしているのである。

絶対者＝自己は合一体験において充実した実在感をもってとらえられ、その体験を持った者にとって、日常的な自己とそれが経験する世界とは、虚妄のもの、幻影にすぎないもの、苦に満ちたものとなる。ヤージニャヴァルキヤはアートマン以外のものは惨めであるという表現を何回か繰り返している（B 三・四・二、三・五・一、三・七・二三）。家畜の増殖も、息子の誕生も、祭祀、善行の果報としての天国も、ブラフマン＝アートマンを見出した者にとっては、色あせた、求める価値のないものとなる。偉大な、不生のアートマンを求める者は、世俗的な願望の一切を捨てて、心を静め、感官を制御し、ひたすら内面への道を歩むべきであることを、多くの神秘主義者と同じように、ヤージニャヴァルキヤも説いている。

内面への道

虚妄な、世俗的なものに対して目を閉じ、自己の内面に沈潜する者は、しだいにより内部にある自己を自覚し、自己の本源へと還って行く。後には禅定《ぜんじょう》や三昧《さんまい》の段階的な深まりが明示されるようになるが、初期ウパニシャッドにはそれらの実修法の記述は見られない。ただ、アートマンがしだいに内面化される過程はしばしば説かれている。たとえば、プラジャーパティ（造物主）がインドラに対してしだいに高次のアートマンを教示する物語が『チャーンドーギヤ』第八章に語られ（一二三ページ以下参照）、また、『タイティリーヤ』第二章には、自覚の漸進的な深まりが五重のアートマンの教説によって示されている（九三ページ参照）。

内面への道は、究極的には、自己からの離脱の道である。日常的な自己は欲望に貫穿《かんせん》されている。「人間は欲望から成るものである」とヤージニャヴァルキヤが明察しているとおりである。人は欲望のままに何事かを意図し、意図すればそれを行ない、その行ないに応じた果報を受けつつ生存を続けている。内面への道はこの欲望を極小化する道ではあるが、「欲望から成るもの」としての自己を脱却しないかぎり、極小化された欲望は残る。欲望が余すところなく除き去られるのは、絶対者が自己の根底に顕われて自己が崩壊するとき、換言すれば、絶対者との神秘的合一が体験されるときにおいてである。日常的な、虚妄の自己が無に帰したところに顕われる絶対者は、まさしく真の自己であり、それが偉大な、不生のアートマンなのである。

忘我の境地

自己を脱却して絶対者と合一した境地は、しばしば性愛における忘我の境地によって喩《たと》えられる。ヤージニャヴァルキヤもその境地を、「あたかも愛する女に抱かれた男が、外のものも内のものも何も意識しないように」と表現している。この言葉を絶した合一体験を、反省的思考を通して、言葉によって表わそうとするとき、神秘思想家たちはよく否定的表現や逆説的表現を用いる。この特徴はウパニシャッドにおいても明らかに認められる。

シャーンディリヤはアートマンについて、それは微小なものよりもさらに微小であり、広大なものよりもさらに大きいと述べ（一三〇ページ参照）、ヤージニャヴァルキヤは「非ず、非ず」によってアートマンを標示するのである（一八四ページ参照）。

いうまでもなく、初期ウパニシャッドにあらわれるさまざまな思想を、すべて神秘思想と性格づけるのは妥当ではない。素朴な古代的表象や、原始宗教に見られる観念、あるいは祭式＝呪術的思考などは、初期ウパニシャッドの代表的な思想家の教説にも含まれている。神秘思想の図式を描いておいて、ウパニシャッドの個々の断片をその図式の適当な個所にあてはめるという仕方では、ウパニシャッドの思想を的確に理解することはできない。本書においては、初期ウパニシャッドの核心をなす思想を、神秘思想としてとらえながら、それを思想史的な連関のもとに解明することとしたい。

第二章　祭式から哲学へ――ブラーフマナとウパニシャッド

1　大宇宙と小宇宙の対応

「神格に関して」と「個体に関して」

初期のウパニシャッドにあらわれるさまざまな思想のうちで、最高峰をなしているのは、個体の本質アートマンと最高実在ブラフマンの合一を説く神秘思想であると前章に述べたが、そのような思想が、インド思想史の上に突如としてあらわれたのでないことはいうまでもない。その形成に深い関連を持ったと考えられる二つの要素をあげることができる。大宇宙と小宇宙の対応の思想、および、「ウパース」（念想する）という語であらわされる儀礼である。

ウパニシャッドにおいて、「神格に関して」と「個体に関して」とが対置されている場合がしばしば見られる。たとえば、『チャーンドーギヤ』三・一八には、「ブラフマンの四足」が考察されているが、「個体に関して」は、語（発語機能）・気息・眼・耳が、「神格に関して」は、火・風・太陽・方位が、ブラフマンの四足であると述べられている。このような対置の基礎には、神格として表象される自然界の諸要素と、人間の諸機能との間には対応関係がある、という考え方がある。諸機能の集まりである人間は、諸神格によって構成される大宇宙に対する小宇宙と考えられているのである。

大宇宙と小宇宙の対応の思想は、『リグ・ヴェーダ』の中にすでにあらわれている。「葬送の歌」（一〇・一六）に次の一節がある。

眼は太陽に赴け、生気《アートマン》は風に。規範（自然との関連）に従いて天に行け、また地に。

……

（辻直四郎訳『リグ・ヴェーダ讃歌』岩波文庫、二四七ページ）

人が死ぬと、彼を構成していた諸機能は、それぞれ対応する自然界の要素の中に、解消すると考えられているのである。

『リグ・ヴェーダ』第十巻に収められている哲学的讃歌の一つである「原人《プルシャ》の歌」（一〇・九〇）には、太初に神々が巨大な原人を供物として祭祀を行なったとき、解体された彼の身体の各部分から、世界の構成要素が生じたことが述べられているが、そこにも同じ対応の思想があらわれている。

神々が原人《プルシャ》を祭供《さいぐ》（供物）として祭祀を執行したるとき、……月は意（思考器官）より生じたり。眼より太陽生じたり。口よりインドラとアグニ（火神）と、気息より風生じたり。……

（同、三三〇ページ）

対応思想の展開

この対応の思想を展開させたのは、ブラーフマナ時代の祭式学であったと考えられる。祭式における一挙手一投足は象徴的意味を持つもので、その意味を解釈し、説明する祭式学者たちは、祭具・讃誦・供物といった祭式の諸要素、祭官や祭主、また彼らの諸機能、自然界の諸要素を、相互に対応関係におくのである。「神格に関して」と「個体に関して」とが整然とした対応関係をなしている例が、『シャタパタ梵書』第十巻に見られるので、ここに引用しておこう。それは、人間の諸機能のうちでは気息《プラーナ》が、自然界の諸要素のうちでは風が、他の拠りどころとなる最も主要なものであるという考えを表明する一節でこの思想は後述するように（一一一ページ参照）、ウパニシャッドの中に「摂収する者《サムヴァルガ》」という教説としてまとめられている。ここでは、火神《アグニ》を人間の個々の機能に同置するディーラ・シャータパルネーヤに対して、マハーシャーラ・ジャーバーラが、火神を一時に全機能に同置する説としてこれを提示するのである。

気息《プラーナ》こそ、実に、火神《アグニ》である。人が眠るとき、語（発語機能）はまさしく気息に入りこむ。眼／思考力／耳は気息に〔入りこむ〕。彼が目ざめるとき、それらはまさしく気息から再び生ずる。以上が個体に関してである。

次に神格に関して。実に、語であるもの、それは火にほかならない。眼であるもの、それは太陽である。思考力であるもの、それは月である。耳であるもの、それは方位にほかならない。また、まさしくこの気息であるもの、それは浄める風である。

火が尽きるとき、それは風へと消散する。……太陽が沈むとき、それはまさしく風に入りこむ。月は風に〔入りこむ〕。方位は風の中に存立している。それらはまさしく風から再び生ずる。……

（『シャタパタ梵書』一〇・三・三・六―八）

ここに示された対応関係は、ウパニシャッドにもしばしば説かれる。ヴィデーハ国王ジャナカの宮廷における婆羅門たちの討論会で、アールタバーガがヤージニャヴァルキヤに向けた質問には、その対応関係が、「葬送の歌」に見られた思想、すなわち、人間の諸機能は死に際して、それぞれ対応する自然界の要素に帰入するという思想とともにあらわれている。

「ヤージニャヴァルキヤ殿」とアールタバーガは言った。「この世の人間が死んで、その語は火に、耳は方位に、身体は地に、アートマンは虚空に、毛は草に、髪は木に帰入し、血液と精液は水中に置かれるとき、この人間はどうなるのか」

（B 三・二・一三）

アートマンとブラフマンとの一体性の思想は、このような小宇宙と大宇宙の対応の思想をうけつぎつつ、哲学的に深めたものといえるであろう。

2 ウパーサナ（念想）

念想による同置

ウパニシャッドの神秘思想と、思想史的に関連する第二の要素は、念想《ウパーサナ》であるとさきに述べた。「AはBであると念想する（upās-）」「AをBとして念想する」という表現がウパニシャッドに数多く見出される。Aは自然界の要素、人間の機能、祭式の要素、その他さまざまな現象的存在で、Bブラフマン、または、最高価値を賦与されたものであるのが通例である。

思考力はブラフマンであると念想すべきである（C 三・一八・一）。虚空はブラフマンであると念想すべきである（同）。オームという字音をウドギータ（旋律《サーマン》の一種。サーマ・ヴェーダ系統の『チャーンドーギヤ』において神聖視されている）として念想すべきである（C 一・一・一）。彼方の太陽の中の人間、――まさしくそれを私はブラフマンとして念想している（B 二・一・二）。

これらの用例から、「念想する《ウパース》」（upās-）という語は、ある既知の現象的存在を、至高存在と同置する心的過程を意味すると解してよいであろう。

「気息《プラーナ》は〔実に〕ブラフマンである」（B 四・一・三、K 二・一）というように、同置が「念想する」という動詞をともなわずに表現されている例もあるが、これも念想による同置とみなしてよい。他の個所に、「気息をブラフマンであると念想する人々は、寿命を全うする」（『タイティリーヤ』二・三）という表現が見られるからである。「念想する」をともなわない文と、ともなう文とが、一致する内容を持っている例は、このほかにも見出される。

食物はブラフマンである、と一部の人はいう。……（B 五・一二・一）――食物はブラフマンであると念想する人は……（C 七・九・二）。

太陽はブラフマンである、というのがアーデーシャ（至高存在との同置をあらわす定句）である（C 三・一九・一）。――このことをこのように知って、太陽をブラフマンであると念想する人は……（C 三・一九・四）。

このような例から推して、「この世のすべては、実に、ブラフマンである」（C 三・一四・一）のように、「念想する」をともなう例文がない同置の場合にも、それは念想さるるべき真理であると理解される。「われはブラフマンなり」も「おまえはそれである」も、念想と深い関連を持っていると考えてよいであろう。

このような念想《ウパーサナ》はウパニシャッドにおいてはじめてあらわれるのではなく、もともと祭儀における行為であった。オルデンベルクは『ウパニシャッドの教説と仏教の起源』の中で、ウパーサナ（後述するように彼はこの語を「崇拝」と解釈する）について次のように述べている。

……さらにここで「崇拝」と称せられる行為に言及しておかなければならない。人は荘重な態度で、あるいは祭詞を唱えながら、あるいは祭詞を唱えずに、崇拝すべきものに近づく（upa-sthā-）、あるいは、恭虔《きょうけん》な瞑想の中でそのものに侍坐《じざ》する（upa-ās-, upa-ni-ṣad-）。……しばしば見られる、特殊な崇拝の形式は、崇拝すべきものを、ある名称のもとに、その名称を持つ存在の中に具象化しているものとして、恭々《うやうや》しく思念するという形式である。すなわち人は神秘的な祭火を言葉として崇拝すべきであり、祭式の歌詞をオームという音綴《おんてつ》として崇拝すべきなのである。それを指令する規定に続いて、当該の同置をさらに敷衍《ふえん》し、明瞭にする説明がなされたりする。……

このような宗教儀礼としてのウパーサナが、より精神化され、崇高な、超越的な対象に関する思念となったときに、ウパニシャッドの世界が開かれてくるというのがオルデンベルクの見解であった。

「ウパース」と「ウパニシャッド」の関係

「ウパース」（upa-ās-）と「ウパニシャッド」（upa-ni-ṣad-）の緊密な関係を、彼は夙《つと》に他の個所で指摘している。「ウパニシャッド」は「坐る」を意味するni-ṣad-に接頭辞upa-（近くに）を付してつくられた語で、近坐、侍坐、すなわち弟子が師匠のそば近く坐ることを原義とし、そのように教えられる秘密の教説、さらにはそれを収録した文献を意味する、というのがそれまでの通説であったが、「ウパース」も「坐る」を意味する語根ās-に接頭辞upa-を付した語で、「ウパース」との関連の指摘は「ウパニシャッド」の語義の解釈に重要な意味を持つことであった。

オルデンベルクは「ウパース」を、したがって「ウパニシャッド」をも、「崇拝する」という意味に解釈している。「ウパース」は『リグ・ヴェーダ』にも何度か用いられている語で、尊敬ないし奉仕の心をもって、あるいは恩恵にあずかることを期待する心をもって「近くに坐る」がその原義と考えられ、文脈に応じて、「崇拝する」「奉仕する」、あるいは「期待する」などの意味に解せられている。賢者たちはソーマ（神酒。神格化されている）を讃歌によって「ウパース」する（九・八六・三九）、王たちは濶歩《かっぽ》する神（ヴィシュヌ）を「ウパース」する（一〇・一〇九・七）などは、「崇拝する」「奉仕する」の用例とみなされるが、ただ、この場合、念頭におかなければならないのは、ヴェーダの宗教における神人の関係である。

後代のヒンドゥー教に見られるような神の崇拝、神への献身的な愛、自己の全存在を神に委ねる絶対的帰依は、ヴェーダの宗教には見られない。人間は讃誦や供物によって神を歓ばせ、神はその報酬として、人間の現実的な願望を満たすというのが両者の関係である。したがって、神格を「崇拝する」ことと恩恵を「期待する」こととの間には本質的な相異はないと言ってよい。「ウパース」という語は、馬祀祭《アシュヴァ・メーダ》において、人々が、犠牲にされ、調理された駿馬《しゅんめ》の肉の施与を「期待する」(一・一六二・一二)という場合にも用いられているのである。

祭式万能のブラーフマナ時代になると、神々は昔日の権威を失って、祭式の傀儡《かいらい》となり、祭官の意図に従属するものとなる。このような事情の下において、ある神格を「ウパース」することは、崇拝とはほど遠い行為である。それは神格が願望を叶《かな》えてくれるように期待することよりも、むしろ、神格に近づいて、自分の意図に従うようにとせがみ、あるいは強要することを意味するようになる。

「ウパース」の対象は神格にかぎるわけではなく、祭火、讃誦、その他さまざまのものが「ウパース」される。祭官は呪師が呪句をとなえて呪術行為をなすように、一定の祭詞をとなえ、一定の所作を行なうことによって、対象に対する支配力を獲得し、その対象を自分の意図に従わせる。その目的のために対象に近づくことが「ウパース」なのである。「ウパース」と「ウパニシャッド」の関連を指摘した点に、オルデンベルクの功績を認めつつも、彼が両語を「崇拝する」という意味に解釈したのを鋭く批判して、このような「ウパース」の呪術的な性格に注意を向けたのはポーランドのスタニフラス・シャイエル（一八九九―一九四二）であった。

「対象をある名称のもとに思念する」とオルデンベルクが述べているのは、対象に対する支配力を得るために、それを自分の意のままになる他のものと同置することにほかならない。この同置がウパニシャッドにおける念想《ウパーサナ》の内容となる。

「ウパニシャッド」の用例

ブラーフマナ文献に頻出する同置の根底にある思惟方法、それからウパニシャッドの哲学への移行についての詳論に入るに先立って、「ウパニシャッド」が「ウパース」と同義に用いられている例がウパニシャッドの中に見出されるので、それを挙げておくこととする。

『チャーンドーギヤ』一・三・七は、歌詠官が高らかにうたうウドギータ（udgitha）という旋律《サーマン》についての秘儀的教説であるが、この名称を構成する三つの音節――ウト（ut

有声音gに連接するのでt音はd音となる)、ギー(gī)、タ(tha)——が、順次に、天、空、地と、また、その各世界に属する神格である太陽、風、火と同置され、さらにサーマ・ヴェーダ、ヤジュル・ヴェーダ、リグ・ヴェーダと同置されたのち、次のように述べられる。

このように知って、ウト・ギー・タという、これらウドギータの音節を念想する、(upās-)人、その人に言葉の女神は乳——〔ヴェーダという〕言葉の〔もたらす果報としての〕乳を与える。彼は食物豊かな者、食物を享受する者となる。

(C 一・三・七)

これに対して、『チャーンドーギヤ』一・一三・一—四には、旋律《サーマン》をうたい上げるときのさまざまな音について、たとえば「ハーウ音はこの世界である」とか、「イー音は火神アグニである」というような同置がなされたのち、次のように述べられる。

このような旋律のウパニシャッドを知る人、その人に言葉の女神は……彼は食物豊かな者、食物を享受する者となる。

(C 一・一三・四)

一部省略したが、さきの文と対比してみると、「ウドギータの音節を念想する人」と「旋律のウパニシャッドを知る人」とが異なるのみで、他はまったく同文である。そして、念想されることも、知られることも、ともに旋律に関する秘儀的教説である。このことから、「念想する」と「ウパニシャッドを知る」とは同じ意味を持つと理解されるのである。

右の例において、「旋律のウパニシャッドを知る」とは、うたい上げられる音と、世界や神格等との同置を知ることにほかならなかった。「ウパニシャッド」という語の用例は、このほかにも、初期ウパニシャッドの中に見出されるが、この語が「ウパース」と同じく同置を意味することは他の例によっても確かめられる。

あたかも蜘蛛《くも》が〔自ら分泌する〕糸によって上に昇って行くように、あたかも火から火花が飛散するように、それとまったく同じように、このアートマンから、すべての機能、すべての世界、すべての神、すべての存在物が諸方に出て行くのである。それ（アートマン）のウパニシャッドは「真実の真実」である。実に諸機能は真実であり、これ（アートマン）はそれら〔諸機能〕の真実なのである。（B 二・一・二〇）

この一節に先立って、人が眠るときに、アートマンは諸機能を自らのうちに摂収して休息することが述べられている。すなわちアートマンは諸機能の本源であって、諸機能はその中に収めとられ、またそこから発出すると考えられているのである。諸機能は真実《サテイヤ》と同置されるから、換言すれば諸機能は真実としてウパースされるから、その本源であるアートマンは「真実の真実」と同置される。すなわち「真実の真実」としてウパースされるのである。

『チャーンドーギヤ』第八章には、神々の代表者インドラと、魔族の代表者ヴィローチャナとが、「罪が除かれ、老いず、死を離れ、憂いなく、飢えなく、渇きなく、その欲望は実現され、その意図は実現されるアートマン」について教示を乞《こ》うために、プラジャーパティのもとに赴いた物語が収められている。プラジャーパティは彼らに、「眼の中に見える人間《プルシャ》、それがアートマンである」と教え、水盤や鏡の中に映るのもその同じアートマンであると説明する。満足して立ち去る二人を見送りながら、プラジャーパティは言う。――「彼らはアートマンを理解せず、見出さずに去って行く。神々または魔族のいずれにせよ、これをウパニシャッドとする者は滅亡するであろう」と（C 八・七・一以下）。この「ウパニシャッド」も、眼の中の人間とアートマンの同置をその内容としている。

「ウパニシャッド」という語のこれらの用例は、この語が「ウパース」と同様に、ある事象を他の事象と、特に至高存在と同置する思考法に関連するものであることを示していると思われる。「ウパース」がその思考の心的過程を表わすのに対して、「ウパニシャッド」はその思考内容を表わす簡潔な定句であると理解してよいであろう。

3　先科学的科学

同置の諸様相

ブラーフマナ文献には、祭式に勧請《かんじょう》される神格や、祭具、供物、その他の祭式の要素を、自然界の諸要素、あるいは人間の諸機能と同置する表現がしきりに見られる。「暴風雨神《マルト》は水である」「プラジャーパティ（造物主）は歳である」「黒鹿皮はブラフマンである」「讃誦《リチュ》・祭詞《ヤジュス》・旋律《サーマン》は地・空・天である」といった表現は、ブラーフマナ文献の中から無数にとり出すことができる。二つの事象の同置は『リグ・ヴェーダ』にも皆無ではないが、それが特に重要な意味を持つのはブラーフマナ文献においてである。そこに頻出する同置は、祭式の根底にある特徴的な思考法に深く根ざしているのである。

相互に関係なさそうに思える両事象の同置には、どのような根拠があるのか、またその同置は何を意味するのか。これらの点についてはオルデンベルクが、『先科学的科学――梵書の世界観』という題名の下に、ブラーフマナ文献に見られる思考法の特質や思想内容を解明した著作の中で、種々の例文にもとづいて詳論しているので、以下の記述はそれを参考にしながら進めることとしたい。

同置は実にさまざまな仕方で行なわれる。ある場合には同一の主題が多数の異なったものと同置されて、「火神《アグニ》は家畜である」「火神はガーヤトリー（韻律の一種）である」などと言われ、ある場合には異なった主題が同一の事象と同置されて、「ヴィシュヌは祭祀である」「造物主は祭祀である」などと言われる。一つのもののさまざまな様相が、種を同じくする一連のものと同置されることもある。たとえば、火が未だ燃え上がらずに、薪《まき》から煙だけのぼっているときはルドラ神、明るく燃え上がったときはヴァルナ神、さかんに燃えているときはインドラ神、焰《ほのお》が弱まったときはミトラ神、熾火《おきび》となって灼光《しやっこう》を放っているときはブラフマンであるとされる。ルドラ神のように荒々しい方法で食物を得ようと思う者は最初の様相の火に、ブラフマンの光輝を身につけたいと思う者は最後の様相の火にと、人はその希求に応じて特定の様相の火に献供すべきなのである。また「春は婆羅門階級、夏は王族階級、雨季は庶民階級」というように、一連の事象が他の一連の事象と同置される例もある。

二つの事象が同じものの「隠れた」形態と「あらわな」形態、あるいは「神的な」形態と「人間的な」形態であると説かれることがあるが、これも同置とみなしてよい。たとえば、祭火にする薪を牛乳に浸す行作《ぎょうさ》があるが、この行作の意義は次のように説明されている。——祭火は祭主の「神的な」自己であり、この身体は彼の「人間的な」自己であるから、食物によって身体を満足させるのと同様に、牛乳によって神的な自己を満足させるべきである、と。また、薪は火神《アグニ》の「隠れた」形態であり、祭火はその「あらわな」形態であるから、祭火に対してと同様に、薪に対しても献供すべきことが説かれている。

「AはBである」という形式をとる同置の直截的な表現と並んで、それと同じ価値を持つさまざまな表現がブラーフマナ文献に見出され、それらは二つの事象の同置がどのような意味を持つかを知る手がかりを与えている。まず、BはAの「形態《ルーパ》」であると言われる例がある。「造物主《プラジャーパティ》はすべての動物——人間、馬、牛、羊、山羊《やぎ》——である」が、彼が天国に行きたいと思ったとき、「これらの形態によっては(行くことが)できなかった」。そこで造物主は鷹《たか》の形をした火壇を築き、鷹となって天国に飛翔した、と『シャタパタ梵書』に物語られている。造物主と同置される動物が、造物主の形態と称せられているのと同様に、他の個所では、牡牛がインドラ神の形態であると言われ、黒鹿皮はブラフマンの形態であるとされている。

BはAの「模像《プラティマー》」であるという表現もよく用いられる。「造物主は……自分自身の模像を創り出した。すなわち祭祀である。それ故に、『造物主は祭祀である』と言われる」。

煉瓦《れんが》で火壇を構築するに先立って、火壇の位置を小石で囲むが、その小石の数は三百六十個で、祭祀と同置される歳に属する夜の数である。それらの小石は「夜の模像である。それらは三百六十個ある。そして実に一年の夜も三百六十である」。また「模像」と同じ意味を表わすのに、「……のようである」「……に似ている」という表現も用いられている。

Aを表わす語に接尾辞をつけた形容詞をBの述語として、Bが「Aに所属する」、または「Aの性質を持つ」ことを意味する場合がある。馬祀祭《アシュヴァ・メーダ》の際に行祭官は、馬をつなぐためのダルバ草の綱に酥油《そゆ》（液状バター）を塗る。「酥油は実に威力である。馬は造物主《プラジャーパティ》の性質を持つ。彼はまさしく造物主を威力によって強化するのである」。

馬祀祭は強大な勢力を持った国王が、勝利と王権の繁栄のために実施する大規模な祭式で、聖化した駿馬《しゅんめ》を一年間自由に放って行くにまかせ、四百人の軍勢が百頭の馬と共に随行して、馬をあらゆる危難から護《まも》り、一年を経て、もとの地点に帰った馬を犠牲にして行なう祭儀によってそれは終了する。その馬祀祭をどの季節に始めるべきかという点について、『シャタパタ梵書』には次のように述べられている。「夏に始めるべきであると一部の人々は言う。夏は実に王族《クシャトリヤ》の季節であり、馬祀祭は王族の祭祀だからである。〔しかし〕まさしく春にそれを始めるべきである。春は婆羅門の季節であり、誰でも祭祀を行なう者は、いわば婆羅門となって祭祀を行なうのであるから、したがって春にこそ始めるべきなのである」。婆羅門・王族・庶民階級が順次に春・夏・雨季に同置されていることはさきに述べた。ここでは所有格の語尾を伴った語形によって、「春／夏は婆羅門／王族の季節である」と表現し、同置された両要素の間に所有・所属の関係があることを示している。

その他にも、「インドラは力である」という同置を、「インドラは力の主である」と、主宰、支配を示す表現に言い換えている例があり、また、「人々はアグニ、ヴィシュヌの両神格になる」が、両神格との合体・共存と説明されることがある。「ガーヤトリー韻律は気息である」という同置の意味するところは、気息に内在する偉力、精力がガーヤトリーにほかならないということであるといわれる。語と火、気息と風、眼と太陽、意《こころ》と月というように、人間の諸機能を自然界の諸要素に同置することは、ブラーフマナ文献にもウパニシャッドにもよく見られるが、また、「火は語となった」「意は月となった」と語られる場合もあり、二要素の同置が一方から他方への変化を意味することを示している。

「ニダーナ」

二つの事象の同置はこのようにさまざまなニュアンスを持っているが、同置の基礎になる事象間の連関を一般的に表わす語として、ブラーフマナ文献には「ニダーナ」(nidāna) がよく用いられている。「ニダーナ」は「結びつける」を意味する動詞 dā- からの派生語で、『リグ・ヴェーダ』には牛をつなぐ絆《きずな》を表わす用例があり、成立が遅い同書の第十巻では、語義が転化して、「原因」という意味で用いられている。「原因」あるいは「いわれ」を意味する用法は仏典に多く見られる。十二支縁起《えんぎ》の思想が説かれるとき、執着〔取《しゅ》〕を縁《ニダーナ》〔原因〕として輪廻《りんね》的生存〔有《う》〕が成立し、輪廻的生存を縁《ニダーナ》として老衰・死がある、というようにこの語が用いられ、また十二分教の一つとしての「因縁《ニダーナ》」は、個々の経や律《りつ》の条項が説かれるに至ったいわれを説明する物語である。ブラーフマナ文献において「ニダーナ」は、親族、血縁を意味する「バンドゥ」(bandhu)の類語として、親縁関係を表わすのに用いられ、その親縁関係にもとづいて二事象は同置されるのである。——「祭主は、まことに、親縁関係《ニダーナ》によって、祭柱である」「言葉は、まことに、親縁関係《ニダーナ》によって、ソーマ購買用の牛である」。犠牲獣を祭場へ連れてくるとき、炬火《きよか》がそれを先導する。——「祭主は、まことに、親縁関係《ニダーナ》によって、犠牲獣である。……この〔炬火の〕光によって、祭主は光を先導として天界に赴く」。

同置の理由づけ

そのような親縁関係は、何の根拠もなしに、任意に認められるわけではない。ブラーフマナ文献には同置の理由づけがしばしば見られる。オルデンベルクにしたがって、『シャタパタ梵書』から幾つかの例を挙げることにしよう。

家畜は生気《プラーナ》である、という同置がよく行なわれるが、その理由として、「それが生気によって呼吸している間だけ、それは家畜であって、それから生気が出て行ってしまったときには、それは丸太にすぎなくなり、無用なものとして横たわっている」と述べられる。また、他の個所では、これとは異なった理由づけがなされている。「太初には造物主がただ独りこの世に存在していた。……彼は（眼などの機能を営む）諸生気から家畜をつくった。……眼から馬を、気息から牛を、耳から羊を、語から山羊を。彼はこれらを諸生気から創り出したので、『家畜は生気である』と言われるのである」。いずれの場合にも、生気こそ家畜を生かしているものであるという考えが、家畜と生気の同置の基礎をなしている。

この例のような本質的結合関係を持つとは思えない二要素の間にも、ブラーフマナ時代の神学者たちは、現代のわれわれの思惟には唐突とも思える仕方で親縁関係を認める。たとえば、「讃誦はまさしく地である。なぜならば、讃誦を唱える人は地上で唱えるからである」と述べられる。これは讃誦《リチュ》・祭詞《ヤジュス》・旋律《サーマン》を、地・空・天と同置する場合に見られる理由づけである。

擬似的語源解釈は同置を説明づけるのにしばしば用いられる。――太初にはただ非有《アサット》だけがあった。この非有は七つの生気であった。それらの生気は世界創造の意欲をおこし、苦行によって身を消尽したので、聖仙《リシ》とよばれる。これらの七種の生気のうちで、「この中央にある生気、それはまさしくインドラである。彼は中央から力《インドリヤ》によって諸生気に点火した。彼は点火したから実は点火者《インダ》であるが、人々は彼〔の実名〕を秘密に〔して〕インドラとよぶ。なぜならば、神々は秘密を愛好するからである」。点火された諸生気はそれぞれ人間を生み出し、それらの人間は一体化して造物主となった。

数の一致もまた同置の理由づけとして用いられる。婆羅門または王族が栄達を祝賀あるいは祈願するために行なうヴァージャペーヤ祭において、王族《ラージャニア》の者が祭壇の端から弓を射る儀礼が行なわれるが、その王族はプラジャーパティ〔造物主〕と同置される。「プラジャーパティ Pra-jā-pa-ti は四音節であり、ラージャニア rā-ja-ni(y)-a も四音節である」。この音節の数の一致の故に彼はプラジャーパティと同置され、一人でありながら多くの者を支配すると言われる。

ブラーフマナ文献に見られる同置の理由づけが、すべて今日のわれわれの思惟とかけ離れているわけではない。至極《しごく》平明な説明もなされている。「水は正義《ダルマ》である。したがって、水がこの地上に〔雨として降って〕来るときには、この世のすべては正義にかなっている。しかし旱魃《かんばつ》になったときには、まさしく強力な者が無力な者から奪いとるのである」。

同じものに同置される二要素は同じであるという思考法も認められる。火壇を築く際に、ストーマ（讃誦の一種）と名づけられる煉瓦を置くが、この煉瓦は聖仙《リシ》と同置される。「ストーマは、まことに、生気《プラーナ》である。聖仙は、まことに、生気である」。したがって、ストーマという煉瓦を並べることは、まさしく聖仙を火壇に配置することになるのである。

時には同置が否定される例も見られる。祭式において神酒ソーマを神格に献ずる際に、特定の柄杓《ひしやく》によってソーマをくみとるが、その一掬《いつきく》が「グラハ」と言われる。この語はまた「把捉者」をも意味する。それで、このソーマの一掬を名《ナーマン》と同置する見解が示される。――「名こそグラハである。なぜならば、名によってこの世のすべては把捉されるから」。しかしながら、「われわれは多くの者の名を知っているが、だからといって彼らがわれわれに捉えられているわけではない」という理由で、この同置は否定されるのである。

同置の意味

このような同置の理由づけを見ると、ブラーフマナ時代の神学者たちは、生物であれ、器物であれ、観念であれ、すべてのものの中に共通の生命を認めて、あらゆるものをあらゆるものと同置したのではなく、同置の根底には特殊な思考法があることがわかるであろう。

二つの事象はこうしたさまざまの理由によって同置されるが、同置される両者の関係は、一方が他方の象徴であるといった性格のものではなく、両者は、実際に、その性質においても作用においても、まったく同じものと認められるのである。

アグニチャヤナ祭を行なうとき、火壇を築く位置の中央に黄金づくりの人間の像を置き、その上に煉瓦を積み上げる。この像は祭主を象徴するもので、それは火神《アグニ》と同置される。そして、「それを安置したのち、人はその前を歩きまわってはならない。この火神が彼に危害を加えるといけないから」と言われる。像は火神と同じように、近くにあるものを焼く作用を実際に持っているのである。新月祭・満月祭の際に、ガールハパティア祭火の近くに水が置かれる。「水〔女性名詞〕は女である。火〔男性名詞〕は男である。ガールハパティア火壇は家である。それで、まさしく家の中でこうして子孫を儲ける交接が行なわれる。……その水〔と火〕の間を横切ってはならない。交接が行なわれている間に割って入ってはいけないから」。これらの例に明らかなように、BがAに同置されるとき、Bは実際にAなのであり、Aと同じ作用を持っているのである。

類感呪術と感染呪術

相異なる二つの事象を実際に同一のものとみなし、一方の性質や作用の他方への転移をみとめる点において、ブラーフマナ文献に見られる祭式的思考法は、呪術の基礎をなしている思考法と、構造を同じくしている。英国の文化人類学者フレーザー（一八五四—一九四一）は、『金枝篇』において、呪術の根底にある思考の原理を分析し、呪術には、類似の原理にもとづくものと、接触ないし感染の原理にもとづくものとがあると論じた。

類似は類似を生む、あるいは、結果は原因に似るというのが類似の原理で、この原理にもとづく呪術を彼は類感呪術または模倣呪術とよび、数多くの事例を挙げている。自分が危害を加えようと思う人物の像をつくって、呪文を唱えながらその頭や心臓に釘を打ちこんだり、矢を射込んだりする呪法は、世界の各地で古くから行なわれた典型的な類感呪術で、わが国においても「丑《うし》の刻《とき》参り」の呪法があった。人が寝しずまった深夜に、乱れ髪の女が頭上に蠟燭《ろうそく》をともして、神社に詣で、呪《のろ》い殺そうと思う人を模した藁《わら》人形を神木に釘で打ちつける様子は、子供のころ講談本のさし絵で見たのをおぼえている。ブラーフマナ文献の用語によって説明すれば、藁人形などの模像は親縁関係《ニダーナ》によって呪われるべき当の人物なのであるから、一方に加えられる危害はそのまま他方の身に及ぶのである。母となりたい不妊の女が木製の赤ん坊を膝間に抱き、雨を降らせようとする呪師が槌《つち》で釜や桶を叩き鳴らして雷鳴を模したり、容器に入れた水を小枝の束で撒《ま》きちらしたりするなどは、すべて模倣の原理にもとづく類感呪術である。

接触の原理または感染の原理とは、かつて相互に接触していたものは、実質的接触がやんだ後にも、なお相互的作用を継続するという思考原理で、これにもとづく呪術をフレーザーは感染呪術と名づけた。ある人の毛髪や歯は、身体を離れた後にもその人との間に呪術的共感を持つ、という考え方にもとづいた呪法の例は世界の各地に見出される。臍の緒《へそのお》を、生まれた子の運勢を左右するものとしてたいせつに扱うのも、広く行なわれている感染呪術の例で、わが国にもこの風習はのこされている。敵に危害を加えるために、その敵が地面に印した足跡に尖った硝子《ガラス》や骨をつきさしたり、棺桶《かんおけ》から抜いてきた釘を打ちこむなどの風習をフレーザーは報じている。毛髪、歯、臍の緒、足跡などは、親縁関係《ニダーナ》によってもとの所有主そのものなのであるから、それらに及ぼされる作用はそのままもとの所有主に及ぶのである。

フレーザーは呪術を観念連合の誤った適用と説明した。類感呪術は類似による観念の連合の上に成り立ち、感染呪術は接触による観念の連合の上に成り立っているが、前者は、相互に類似するものは同一であるという誤謬《ごびゅう》に陥っており、後者は、かつて接触していたものは常に接触していると考える誤謬をおかしている。現象の因果的継起は超人間的存在の意志に支配される可変的なものではなく、必然的であるとなす点において、そして、その必然法則の認識によって現象に対する支配力を得ようとする点において、呪術は科学およびその応用である技術と通ずる性格を持っているが、科学が観念連合の合法的な適用によって成り立つのに対して、呪術の基礎をなしているのは誤った観念連合であり、したがって呪術は擬似科学、発育不全の技術である、というのがフレーザーの考えである。

原始心性の特性

進化主義の傾向を持つフレーザーは、呪術の基礎をなす思考様式を現代のわれわれの心的活動と対比して、それの未発達な素朴な形態として理解したが、フランス社会学派に属するレヴィ・ブリュルは、未開社会における呪術的宗教的な思惟をそれ自体として考察し、そこにわれわれの思考原理とは異なった、原始心性に特有の原理があることを認めた。彼は、制度、信仰、慣行はとりわけ社会事象であり、これらの事象が内包する表象や表象間の連係は必然的に個人に対して拘束的にはたらく社会的・集団的性質を持つことを強調して、呪術を観念連合や因果律の素朴な適用といった個人的な心的機能に帰する学説を批判している。社会の如何《いかん》を問わず、人間の心的活動は常に同型であるという考え方を排して、未開社会における「集団表象」の基礎をなしている原始心性の特性を探究した彼は、それが神秘的、先論理的であり、「融即の法則」(la loi de participation 訳語は山田吉彦訳『未開社会の思惟』に倣った)にしたがっていることを明らかにした。

神秘的というのは、それが対象をただ存在するものとして知的に表象するのみではなく、対象がある不可思議な作用力、影響力を具《そな》えていることを信ずる心的態度をふくんでいることを意味している。未開社会の集団表象にとって、存在するすべてのものはわれわれの目に映ずる通りのものなのではなく、神秘な作用力を持っている。さまざまな動植物、自然現象、人間の手に成る家具や、弓矢、棍棒《こんぼう》などの武器、あるいは人体の諸器官、臓器、排泄物、毛髪、爪、臍帯《さいたい》、血、体液などはいずれも、集団表象において特異な作用力を付与されており、信仰、呪術、その他の儀礼や慣行はこの力に関係しているのである。

表象の内容を主にすれば、神秘的と性格づけられる原始心性は、表象の連結の仕方において先論理的であるということができる。それはこの心性が論理的な思惟の発生に時間的に先立つ一つの段階を構成しているという意味ではない。原始心性は、反論理的でもなく、無論理的でもなく、ただ、われわれの論理的思考においては避けられる矛盾を、とくに避けようともせず、おおむねそれに無関心であるという意味で先論理的といわれるのである。この心性にとって、一と多、同と異などの一方を肯定することは必ずしも他方を否定することにはならない。それは集団表象の中で諸事物は融即の法則によって結びつけられているからである。

融即の法則とレヴィ・ブリュルがよんだのは、諸事物が、それ自体であると同時にまた他のものでもあり、自ら在るところに在ることをやめることなしに、他のものにおいてその性質や作用を感じさせ、あるいは他のものの性質や作用を受けることを認める心的活動を支配している原理である。この原理にしたがって、未開社会の集団表象においては、われわれには理解しがたいが、未開人にはごく自然な仕方で、諸事物が相互に結びつけられているのである。類感呪術にしても感染呪術にしても、神秘的、先論理的な、そして融即の法則にしたがった心的活動によって行なわれているとレヴィ・ブリュルは論じた。

ここでレヴィ・ブリュルの学説に触れたのは、オルデンベルクがブラーフマナ文献に見られる同置の考察に際して、彼の学説に依拠しているからである。彼は、ブラーフマナを理解するためには、AがBを摸したものであるときAはそれ故にBとは別のものであるというわれわれの思考法とは異なった、未開人の思考を考慮に入れる必要があると述べ、レヴィ・ブリュルがあげる一つの例に言及している。北アメリカのマンダン族は、ある画家が彼らの間で多数の野牛を写生したとき、「この人がその本の中にわれわれの野牛を取り込んでしまったので、それ以来、われわれの食べるべき野牛はいなくなってしまった」と言ったというのである。

レヴィ・ブリュルは同じような例を数多くあげている。未開人の心性にとっては、模像には原像が生きている、あるいは模像は原像そのものなのである。オルデンベルクは述べる。「……一般に何らかの一致する性質、一致する所作、常時的なものであれゆるやかな永続性のないものであれ、何らかの連繫《れんけい》、接触が、二つのもの相互の間に存在すれば、あるいはかつて存在したならば、未開人の観念にとってそれらは本質の共通性を基礎づけるのであり、われわれには謎のように思われる同一性によって彼らにとらえられるのである」。「事物は、われわれがそれらを固定的に限界づけられたものとして見るところにのみ存在するのではない。そうではなく、それらは無数の他のところにおいて作用し、影響力を示す。すなわち、それらは〔自ら在るところに在ると同時に、無数の他のところにおいても〕存在するのである」。彼がブラーフマナの世界観を考察した著書を『先科学的科学』と題したのも、未開人の心性を「先論理的」と性格づけたレヴィ・ブリュルを意識してであったと思われる。

梵書の思考法

ブラーフマナ時代の神学者たちの思考法は、事物を神秘的な力を持つものとしてとらえ、先論理的な融即の法則によって思考する未開人の心性に通じるものである。ただ彼らは無意識にその思考法にしたがっていたのではなく、むしろ意識的にそれを祭式解釈学に適用した。さきに見たように、彼らは同置される二つの事象について、一方は他方の形態であるとか模像であるとかいった観念を用いており、また同置のさまざまな理由づけもかなり作為的である。ブラーフマナ文献における同置は、複雑化した祭式における一挙手一投足を意義づけようとする神学者たちの知的操作の所産なのである。同置は事象相互間の類似や接触等の親縁関係にもとづいて行なわれるが、その類似、接触等は事象におのずから具わっている性質ではなく、祭官、神学者たちが意図的に事象に帰属させるのである。ブラーフマナ文献に思考を展開しているのは、野牛とその画像とを区別しないマンダン族ではなく、音節の数の一致によって王族《ラージャニア》と造物主《プラジャーパティ》とを同置し、語の性にもとづいて水を女と、火を男とみなすことができる、学識ある婆羅門たちである。彼らは祭官としての専門的知識を駆使して事象を融即させ、祭式における所作を効果的に説明づける。融即を可能にする力《ヴィーリヤ》は、事象に内在するものとしてとらえられるよりも、むしろ彼らによって任意に事象に付与されるのである。

このような彼らの思考法の中に、現象的存在を最高実在に同置するウパニシャッドの哲学が胚胎《はいたい》していた。ブラーフマナ時代の同置は、一方において未開人の心性に通じる性格をもっているが、他方にはウパニシャッドの「われはブラフマンなり」「おまえはそれ(最高実在)である」を予見していたと言ってよい。

4　主知主義への道

祭式における所作と言葉

右には同置を思考形式の面から考察してきたが、祭式においても呪術においても、同置は必ず言葉と一定の所作とを通して行なわれる。ヤジュル・ヴェーダに収録されている祭詞のそれぞれが、どの祭式においてどういう所作を行ないながら誦《とな》えられるかを、ブラーフマナや天啓経《シュラウタ・スートラ》は規定している。『アタルヴァ・ヴェーダ』には治病、息災や、吉祥増益、呪詛《じゅそ》調伏の呪法用讃歌が収録されており、それらは『カウシカ・スートラ』に記されている通りに、薬草や護符その他の物品を用い、一定の所作を行ないながら唱えられるべきものなのである。

たとえば新月満月祭の準備過程において、行祭官は祭餅をつくる穀物をのせてある荷車の上にのぼり、そこに草などが落ちていれば、「悪鬼《ラクシャス》は追い払われたり」と唱えながらそれを捨てる。この言葉と所作を通して、草は悪鬼と同置されるのである。新月満月祭の先駆祭《プラヤージャ》に先立って、行祭官《アドヴァリユ》は勧請官《ホートリ》の選定《プラヴァラ》を行なうが、選ばれた勧請官は、所定の所作をしたのち、自分の座席に近づき、そこに敷いてある草を一本とり上げて、「パラーヴァス（「財を遠ざける者」の意）は斥けられたり」と唱えながらそれを祭壇の外に放り捨てる。パラーヴァスとはアスラ（魔族）たちが祭式を行なったときの勧請官であった。その彼に一本の草が右の言葉と所作によって同置されるのである。こうして魔族の祭官パラーヴァスを斥けたのち勧請官は、「アルヴァーヴァス（「財を招きよせる者」の意）の座にわれ着席す」と唱えて席に坐る。すなわち、彼は神々の祭式において勧請官をつとめたアルヴァーヴァスに自らを同置するのである。

ラージャスーヤ祭は王の灌頂《かんじょう》聖化の儀式によって最高潮に達するが、その準備段階においてなされるべき一連の所作がある。行祭官は祭主である王に特殊な上衣を着せ、ターバンをつけさせるが、それぞれは、「汝は王権の羊膜なり」「汝は王権の漿膜《しょうまく》なり」という言葉によって、王を新たに生まれる胎児として包んでいる胎膜に同置される。これに続いて、王の身体をダルバ草で浄《きよ》めるなどの儀礼が行なわれ、それから行祭官は、「汝はインドラのヴリトラ殺害具なり」と誦えながら、王に弓を与える。インドラが工巧神トヴァシュトリが造った金剛杵《こんごうしょ》をふるって悪魔ヴリトラを殺戮《さつりく》し、閉塞《へいそく》されていた水を河川に解放したという物語は、『リグ・ヴェーダ』以来伝えられている有名なインドラ神話である。いま王の即位灌頂式において、祭主である王に渡される弓は、行祭官の言葉によって、武勇にたけたインドラがヴリトラの殺戮に用いた金剛杵に同置されるのである。

言葉の霊力

祭官や呪師が一定の所作を行ないながら発する言葉には、相異なる二事象の同置を可能にするような、神秘的な力がこもっている。あたかも画家や彫刻家がその全精神を一本の絵筆に、一丁ののみに投射するとき、その動きによって意図された作品がつくり出されて行くように、祭官、呪師はその全精神を言葉（祭詞、呪句）に投射し、精神的・霊的な力を具えた言葉が目的物にはたらきかけて、それを祭官、呪師の意志にしたがわせるのである。こうして祭官の発する言葉、そして言葉に宿っている霊的な力は、ブラーフマナ時代における祭式の繁栄を背景に、きわめて重要視されるようになった。「ブラフマン」が宇宙の最高原理とされるに至るのも、このような趨勢の下においてである。「ブラフマン」の原義については、後述するように諸説があるが、それはヴェーダの讃誦や呪句を意味する語として用いられ、それらの言葉に宿る霊力、すなわちあらゆる事象に対して支配的に作用する力を表わし、神々すら祭式に従属すると考えられた祭式万能の時代に、ブラフマンは宇宙の最高原理とみなされるに至ったと解せられている。

知識の重視

祭式や呪法において、言葉とともにその重要性を看過してはならない要素は、祭官や呪師の具えている知識である。さきに類感呪術・感染呪術について記したが、その基礎には、類似の原理・感染の原理があった。呪師は無意識的にこの思考原理にしたがうのではなく、その原理を知り、その知識によって事象に対する支配力を得ようとする。槌で釜や桶をたたき鳴らし、小枝の束で水を撒き散らして雨乞《あまご》いをする呪師は、類似は類似を生むことを知って、それらの所作を行なうのである。ブラーフマナ時代の祭官たちが、二つの事象を同置するとき、彼らは同置を可能にするような、事象の背後にある理法を知る者であった。先述したさまざまな同置の理由づけに、彼らが専門家としての知識を駆使して、事象を自らの統御下に置こうとしたことがうかがえる。実際、知識の持つ重要な意味は、ブラーフマナ文献の中に繰り返し強調されている。そこには、祭式における所作の意義が解明されたのち、「このように知って」祭式を行なう者は所望の結果をかち得るという表現がよくあらわれる。『シャタパタ梵書』から一、二の例を挙げよう。

結婚して家長となった者は、早朝と夕暮に火神に献供するアグニホートラを、生涯のあいだ毎日行なうものとされるが、そのためにまず、吉祥な地を選んで、火壇を設置しなければならない。『シャタパタ梵書』第二編のはじめには、その下に火壇を設置するのが適切な星宿がいろいろと挙げられるが、ローヒニー星宿の下に火壇を設置することに関して、故事が語られている。——プラジャーパティは子孫を得ることを望んで、ローヒニー星宿の下に火壇を設置したが、彼は生類を生みだし、それらは赤牛《ローヒニー》のようにその種族が連綿と続いて断絶しなかった、と。そしてこのように知ってローヒニー星宿の下に火壇を設ける者には、子孫も家畜も増殖する、と述べられるのである（二・一・二・六）。

アグニチャヤナ祭式の記述の中にも例が見られる。煉瓦を五層積み上げて鷹の形をした火壇を構築するこの祭式は、万物を生み出して消耗しつくしたプラジャーパティの身体を再生させる意味を持つ、と『シャタパタ梵書』には説かれている（黒ヤジュル・ヴェーダ系統の祭式文献は祭祀の目的について異なった解釈をする）。火壇の第五層を築くにあたって、祭主は、まず、「無敵《アサパトナー》」と名づけられる五個の煉瓦を、前後、左右、および中央に置くが、それらは順次にプラジャーパティの入息、出息、左右の腕、食物と同置される。プラジャーパティは再生したとき、これらによって四方および上方からの敵を追い払ったのである。――このように知る人は、入息・出息するとき、それによって前後から迫る悪を追い払い、両手で所作をなし、食物を食べるとき、それによって左右および上方からの悪を追い払う（八・五・一・一七）。

やがて、「このように知る人」には祭式の執行も不必要とされるようになる。人はただ祭式の意義を知っているという事実のみによって、すなわち、その知識を通して正確に所作を行なうからではなく、ただ知識自体の力によって、事象に対する支配力を得ると考えられるのである。逆に、祭式の意味を知らずになされる機械的な所作は、効果をもたらさないばかりでなく、かえって災厄を招く。無知にもとづく執行よりも、知識を具えた不執行の方が効果的なのである。

「このように知る者」

「このように知る者」には果報があるという表現は、ウパニシャッドにも頻繁にあらわれる。そのほとんどの場合、知って何らかの所作を行なうべきものとはされていない。ただ知ることのみによって人は果報を得るのである。

このブラフマンとよばれるものは、実に、この人間の外にある虚空である。人間の外にある虚空は、実に、この人間の内部にある虚空である。人間の内部にある虚空――それは、実に、この心臓内部の空間である。それは充満しているもの、不変のものである。このように知る人は、充ちたりた、不変の幸せを得る。

（C 三・一二・七―九）

『ブリハッド』第四章にアートマン論を展開するヤージニャヴァルキヤは、それがヴエーダの神々の位置に立つものであることを述べ、「このように知る者」には祭祀の実行と同じ果報があると説いている。

まことに、この偉大な、不生のアートマンは、〔祭場に供えられた〕食物を食べる者、〔供物の返礼として、祭主に〕財産を与える者です。このように知る者は財産を得るのです。 （B 四・四・二四）

ウパニシャッドにおいて、「このように知る」ことは、しばしば念想《ウパーサナ》と関連づけられている。

このウドギータ〔旋律の一種〕は最高にすぐれたものである。これは無限である。このことをこのように知って、最高にすぐれたウドギータを念想する人――最高にすぐれたものが彼のものとなり、最高にすぐれた世界を彼はかち得る。 （C 一・九・二）

さきに念想とウパニシャッドの関係について述べたときに参照した『チャーンドーギ

ヤ』の一節を再度引くことにしよう。そこではウドギータの音節ウト・ギー・タがそれぞれ天、空、地に同置され、さらに太陽、風、火に、また、サーマ・ヴェーダ、ヤジュル・ヴェーダ、リグ・ヴェーダに同置される。そして次のように述べられる。

　このように知って、ウト・ギー・タという、これらウドギータの音節を念想する人、その人に言葉の女神は乳——言葉の乳〔すなわちヴェーダを誦唱して行なう祭祀の果報〕を与える。彼は食物豊かな者、食物を享受する者となる。（C 一・三・七）

　祭式の意義を知ることは、二つの事象の間に、両者の同置を可能にするような何らかの親縁関係《ニダーナ》を見出すことであった。そして、念想はまさしくそのような親縁関係を見出す心理的過程にほかならない。「このように知る」ことと「念想する」こととは同じであると言ってよい。ある儀礼の意義を知って、それを行なうのと同じ効果が、ウパニシャッドにおいては念想そのものに帰せられているのである。祭式主義から主知主義への移行がここに認められる。ブラーフマナ時代の祭式主義に内在していた知識の重視が、ウパニシャッドの主知主義への道を準備したのであった。

5　祭式の内面化

内面的アグニホートラ

祭式の執行に対していわば従属的な位置にあった知識が、それ自体で祭式の執行にかわる重要性を持つに至る過程、すなわち、ブラーフマナからウパニシャッドへの歩みは、また、祭式の内面化の過程としてとらえられることができるであろう。

大規模なヴェーダ祭式は、多数の祭官を招き、多くの日数をかけて行なわれるものであって、その執行に要する費用も莫大《ばくだい》である。簡素な祭式によって大規模な祭式を代替する傾向は、ブラーフマナ時代から存していた。祭式のうちで最も簡素なものは、アグニホートラである。さきに言及したように、結婚して家庭を持った者が、家庭の火壇を設置し、毎日、日の出の直後と日没の直前に、火神《アグニ》に牛乳を献供するのがアグニホートラで、特に準備を必要とはしない簡単な祭式である。このアグニホートラに他のあらゆる祭式を代表させる考え方が、ブラーフマナ説話に見られる。昔、プラジャーパティは一千年にわたる祭祀を行なったが、神々はしだいにその規模を縮小して、最終的にはアグニホートラにしたというのであるが、大規模なものから小規模なものに至るまでのすべての祭式の核心が、アグニホートラの中に集約されているという考え方が、そこに示されているのである。この最も簡単な祭式をも、実際には行なわずに、「内面的アグニホートラ」をそれに代置することがなされた。

さて、次にはプラタルダナ流の自己制御。それは内面的アグニホートラといわれている。——人が話している間は、彼は呼吸することができない。そのとき、彼は気息を語〔という祭火〕に献供しているのである。人が呼吸している間は、彼は話すことができない。そのとき、彼は語を気息〔という祭火〕に献供しているのである。この二種の、無終で不死の献供を、人は目ざめていても眠っていても、たえず行なっている。他の献供は有限である。それらは儀礼から成っているからである。それ故に、このことを知っていた古人たちは、〔儀礼としての〕アグニホートラを行なわなかった。

（K 二・五）

呼吸しているときには話さず、話しているときには呼吸しないということは、誰でもが行なっている平常の行為であって、特別な宗教儀礼ではない。その行為に自覚的であることに、朝夕の火神への献供と同じ意義を認めるのが、内面的アグニホートラなのである。

この献供の方式はブラーフマナ文献などにも説かれていて、それをプラタルダナに帰することには問題があるようだが、ここではその点には立ち入らない。『マヌ法典』にもこの献供への言及が見られ、それは、五根の知識を五大供犠（梵・神々・生類・賓客・祖霊への供犠）にかわるものとして重んじ、知識のみによって祭祀を行なう人の見解と並挙されているのである。

儀礼の簡素化

ヴィデーハ国王ジャナカと、学識すぐれた婆羅門ヤージニャヴァルキヤとが、アグニホートラに関して交わした対話が『シャタパタ梵書』第十一編に記されているが、それは祭式の内面化という点から注目される。

ヴィデーハ国王ジャナカはヤージニャヴァルキヤに尋ねた。「ヤージニャヴァルキヤ殿、あなたはアグニホートラをご存じか」と。「知っております、大王」と（ヤージニャヴァルキヤは答えた）。「それは何か」「ほかならぬ牛乳であります」「牛乳がないときには、あなたは何によって献供なさるでしょうか」「米と麦によってです」「米と麦がないときには……」「ほかの野草です」

王はつぎつぎに同じ問いを発し、ヤージニャヴァルキヤは順次に、森の草、木の実、水を代替物とすると答え、対話はさらに続けられる。

「水がないときには、あなたは何によって献供なさるでしょうか」「そのときは、本当に、ここに何もありません。しかし、こういう方法で献供することができます。——真実《サテイヤ》を信仰《シュラッダー》〔という祭火〕に」と彼（ヤージニャヴァルキヤ）は言った。「あなたはアグニホートラを知っておられる、ヤージニャヴァルキヤ殿。牝牛百頭をさし上げよう」と〔ジャナカ王は〕言った。（『シャタパタ梵書』一一・三・一・二―四）

ヴェーダ祭式に造詣深いユトレヒト大学教授ボーデヴィッツが指摘しているように、右の対話においてヤージニャヴァルキヤは、実際に信奉されていた一つの教説、すなわち、真実を語ることに祭祀の実行と同等の意義を認める教説に言及しているのである。その説は同じ梵書の他の個所に次のように記されている。

この祭火に対する奉仕は真実にほかならない。真実を語る人は、点火されたその祭火に酥油《そゆ》を注ぐのと同じように、それを燃え立たせる。彼の威光はだんだんに増大し、彼は日ましに善くなる。ところが、虚偽を語る人は、点火されたその祭火に水を注ぐのと同じように、それを衰えさせる。彼の威光はだんだんに減少し、彼は日ましに悪くなる。したがって、人はまさしく真実のみを語るべきである。

（『シャタパタ梵書』二・二・二・一九）

このような教説を奉ずるアルナ・アウパヴェーシ（ウッダーラカ・アールニの父）に向かって、親族の者たちが、「おまえも年がいったのだから祭火を設《しつら》えてはどうか」と勧めたとき、彼は、言葉を制御すること、すなわち、真実のみを語り、虚偽を語らないことが真の祭火への奉仕であると答え、アグニホートラを行なうための火壇を設置しようとはしなかったという。

人生を祭式とみなす

祭祀のうちで最も簡素なアグニホートラにすべての祭祀を代表させ、さらに、その簡単な祭祀も実際には行なわずに、他の非儀礼的な行為に祭祀の実行と同じ意義を見出そうとする傾向が、右のようにブラーフマナ文献の中に認められたが、同じ傾向を持つものとして、『チャーンドーギヤ』第三章に収録されているゴーラ・アーンギラサの教説をあげることができる。それは人生そのものを祭式になぞらえる説である。

人が飢えを感じ、渇きをおぼえ、楽しまないこと、それが〔祭式準備行為としての〕潔斎《けっさい》（断食・禁欲等によって心身を潔めること）である。人が食べ、飲み、楽しむとき、彼はウパサダ祭（ジョーティシュトーマ祭において、神々にソーマ酒を献供する日に先立って行なわれる祭儀で、その際には断食をといて牛乳を飲む）を行なっているのである。人が笑い、食べ、房事を行なうとき、彼は讃歌を唱え、讃誦を誦えているのである。そして、苦行、施与、正直、不殺生、真実を語ること、それらが彼の〔祭官への〕布施である。その後に「彼は子孫をもうけるであろう」（彼はソーマ酒を搾《しぼ》るであろう）「彼は子孫をもうけた」（彼はソーマ酒を搾った）と人々は言う。それが彼の〔息子としての〕再生にほかならない。死こそが〔祭式が終了したときの〕沐浴《もくよく》である。

（C 三・一七・一―五）

神酒ソーマを主要供物とするヴェーダ祭式はソーマ祭と総称されるが、ソーマ祭において神々に献供するソーマは、この名の蔓草《つるくさ》（近年はソーマをきのこの一種とする説が提唱され、賛否両論を生んでいる）を石でたたいて搾った液に、水・牛乳を加えてつくられる。

「〔ソーマを〕搾る」と「子を生む」とは語形を同じくしているので、通常の人生の営みを祭式における所作として説明する右の文においては、一語によって両義が表わされているのである。

人生を祭式になぞらえる説は他にも見られる。ソーマ祭において、ソーマは朝・昼・晩の三度搾られ、祭場に招かれた神に献ぜられるが、その儀礼を行なうときに誦えられる讃歌は、その韻律が、順次に、ガーヤトリー（八音節、三行）、トリシュトゥブ（十一音節、四行）、ジャガティー（十二音節、四行）である。それで、人生の最初の二十四（8×3）年、次の四十四（11×4）年、最後の四十八（12×4）年が朝・昼・晩のソーマ搾りの儀礼に擬せられ、それぞれの期間をヴァス神群（八体）、ルドラ神群（十一体）、アーディティア神群（十二体）が守護していると解せられる。そして、このように知る者は百十六（24＋44＋48）年生きながらえるといわれるのである（C　三・一六）。

五重のアートマン

『タイティリーヤ』第二章に見られる五重のアートマンの教説が、ウパニシャッドにおける祭式の内面化をあらわす好例であることは、学友井狩彌介氏の論文（『宗教研究』二二五号、昭和五十年九月）によく示されている。すでに何度か言及したアグニチャヤナ祭式は、頭・両翼・胴・尾の五部位から成る鷹の形をした火壇を、煉瓦を五層積み上げて構築する祭式であるが、煉瓦の第一・三・五層は、順次、地・空・天界を象徴し、祭主が鷹となって地界から天界へ飛翔することが祭式の目的とされている。ところで『タイティリーヤ』においては、まず、「食物の精髄から成る」人間が、鷹の火壇の場合と同じく頭・両側部・胴体・基底（＝足。鷹の尾にあたる）という五部位によって示され、その内部に、同じ人間の形をした「気息から成る」アートマンが、さらにその内部に、順次に、「思考力から成る」・「認識から成る」・「歓喜から成る」アートマンがあるとされ、各アートマンについてその五部位が明示されるのである。アグニチャヤナ祭式の火壇が念頭におかれていることは明らかであるが、火壇の煉瓦が上下に積み重ねられて五層をなすのに対して、アートマンは内外に重ね合わされて五重になっている点に相異がある。

のちに第五章で詳説するように、アートマンを「認識から成るもの」と定義し、そのアートマンのブラフマンとの冥合を「歓喜」と性格づけるのは、『ブリハッド』第四章に展開されるヤージニャヴァルキヤのアートマン論の特色である。彼はそのアートマン論を、気息《プラーナ》や思考力《マナス》を生命の本質とする思想を、さらに内的に深めることによって形成したのであった。『タイティリーヤ』に見られる五重のアートマンの教説は、ヤージニャヴァルキヤのアートマン論にもとづくもので、この教説には、肉体的存在としての人間が、しだいに内面化を深めて、究極的にはブラフマンとの合一に達するという、人間の内面的深化の方向が示されているのである。アグニチャヤナ祭式における五層の煉瓦にヒントを得ながら、祭主が地界から天界へ赴くという祭式主義的思考を捨て去り、下から上への方向を外面から内面への方向に転換することによって形成されたこの教説に、ウパニシャッドにおける祭式の内面化の傾向が明らかに認められるのである。

外形的儀礼よりも、儀礼の意義を内面的にとらえることを重視する態度は、知識を重んじ、念想を祭式の執行にかわるものとする傾向と相即して、ブラーフマナ時代の祭式学からウパニシャッドの哲学への移行の道を開いて行ったのである。

第三章　ブラフマンとアートマン——最高実在と個体の本質

1　ブラフマン（梵）

呪術的な力の流体

ウパニシャッドの核心をなす思想は、すでに述べたように、個体の本質アートマンと最高実在ブラフマンの合一である。「アートマン」はウパニシャッドにおいて意味内容がしだいに深化されるが、「ブラフマン」はすでにブラーフマナ時代において宇宙の最高原理に高められ、初期ウパニシャッドにおいてそのことは自明の前提となっている。

「ブラフマン」という語は『リグ・ヴェーダ』以来頻繁に用いられているが、その原義についてはさまざまな説が立てられてきた。ボェトリンクとロートの編纂にかかる『サンスクリット大辞典』（全七冊。一八五五—七五年）の「ブラフマン」の項下には、まず、「切望と魂の充足としてあらわれ、神々に達する信仰心。神への奉仕に際してのあらゆる敬虔《けいけん》な発話」という語義があげられ、『リグ・ヴェーダ』に見られる用例が多数引かれている。グラスマンの『リグ・ヴェーダ辞典』(一八七二年)にも、大部分の用例に対して「表白された祈禱《きとう》。敬虔な心情の吐露」という語義が与えられている。

「ブラフマン」の語義をこのように解することに対しては、早くから異論が立てられた。ヴェーダ時代の宗教においては、神に対する敬虔な信仰心とか、聖なるものに対する切望・渇仰といった心情は認められないというのである。『宗教・倫理百科事典』(一九〇八—二六年)の「ブラフマン」の項を執筆したヒルレブラントは、右の解釈を批判して、「ブラフマン」の原義は呪術であるという見解を支持し、そのようなブラフマンの観念の起源は人類の思想の未開・未発達な層に求められるべきである、と記している。

前章に述べたように、十九世紀末葉から二十世紀初頭にかけて、未開人の心性、原始宗教、呪術等に関する研究が著しい進歩をとげ、その研究成果は古代インドの思想・宗教の解釈にも新たな視点を提供した。『アタルヴァ・ヴェーダ』に収録されている呪法用讃歌の適用法を説明する『カウシカ・スートラ』の研究があらわれ、宗教学者・社会学者・民族学者・文化人類学者らが、古代インドの呪法に関心を持ったのもその頃である。そのような趨勢《すうせい》を背景として、ヴェーダ祭式の基礎にある呪術的思考法がしだいに注目されるようになり、「ブラフマン」の語義解釈にも変化が生じたのである。

「ブラフマン」は神秘的・魔術的な潜勢力であって、讃誦やさまざまの儀礼によってその力は現勢化される、という解釈はまずハウグ（一八二七—七六）によって提唱され、オルデンベルクは、「精神的・呪術的な力の流体または潜勢力、ならびに、一方には聖句・呪句その他の儀礼における、他方にはその力を所有する婆羅門の状態におけるその具現」「神聖な、呪力を持ったヴェーダの語、ならびに、その語やそれを身につけた者に内在する神秘的な流体」というように「ブラフマン」を定義した。「ブラフマン」は、呪術、呪文を意味する古アイルランド語「ブリヒト」（bricht）と親縁関係を持つというオストホフの説を、オルデンベルクは支持している。また、「ブラフマン」を「呪力の流体」とする解釈は、ヒルレブラントにも共通するものであるが、オルデンベルクはこの解釈を提示しながら、宇宙の最高原理へと高められる以前の段階における「ブラフマン」は、メラネシア人のマナに類似する観念であると記しているのである。

「ブラフマン」を右のように定義づけたオルデンベルクは、その後、この語が最初から一貫して定義したような意味を持っていたか否かを精査し、語義に発展段階があることを明らかにした。『リグ・ヴェーダ』における「ブラフマン」はすべて、(1)聖なる〔祈禱の〕語、讃歌を意味するものと解せられ、呪力の流体やそれをかき立てる儀礼、あるいは婆羅門に内在している力を意味する用例は皆無であるが、時代が下るにつれて、⑵一種の神秘的な実体としての讃歌・呪句、⑶婆羅門を婆羅門たらしめている潜勢的な力、⑷全存在、が意味されるようになったというのが彼の結論である。力、作用、あるいはそれを生じさせる行為を実体化する傾向は古代インドに著しく、たとえば、熱力《タパス》（苦行）、威光《テージャス》、功徳《ダルマ》、祭祀《ヤジュニャ》等はいずれも実体化されているが、祭官がとなえる讃歌や祭詞・呪句も祭主の願望をかなえる力を持つ実体（流体）としてとらえられた。このような呪力を持った実体を所有する者が婆羅門であり、さらに、その呪力は自然にも内在していると考えられて、ブラフマンはすべての存在物を存在物たらしめている最高実在となったのである。

天上の火・草束・フラーメンその他

ヒルレブラントも「ブラフマン」の語義を呪術から創造力一般へという展開の線に沿って理解するが、これとは著しく異なる説も提唱されている。ヘルテルによれば、「ブラフマン」はギリシア語「フレグマ」（phlégma）、ラテン語「フラグロ」（flagrō）と語源的に関係があり、身体の熱、およびそれと対応する宇宙的な熱、すなわち天上の火がその原義で、『リグ・ヴェーダ』においては、心臓内に放射する熱の所産としての讃歌を意味するのである。

この説に反駁《はんばく》を加えたシャルパンティエは、「ブラフマン」がゾロアスター教の儀礼に用いられる神聖な小枝の束を意味するアヴェスター語「バラスマン」と親縁関係を持つことを証示し、草束、芽、植物が「ブラフマン」の原義で、それから繁茂、生長、増大という意味が派生したと論じた。しかしながら、『リグ・ヴェーダ』における用例に、この語義を読みとるにはかなり無理があるので、彼の説は支持されていない。

このほかにも、「ブラフマン」をラテン語「フラーメン」(flāmen)と関連づけるデュメジルの説がある。フラーメンは、ローマ時代の特殊な宗教儀礼に関係ある十五人から成る僧の一団であるが、オランダの碩学《せきがく》ゴンダは、フラーメンがはたす宗教的機能は、ヴェーダ祭式における婆羅門のそれとは共通点を持たないこと、フラーメンに対するさまざまの宗教的規定は婆羅門には当てはまらないことを指摘して、デュメジル説を否認している。

今世紀の半ばには新たな解釈が相次いで提示された。ヴェーダ学の泰斗《たいと》であったルヌーは、ヴェーダ文献に見られる「ブラフマン」の原義は「謎《エニグマ》」であるという説を立てた。そして、祭事の際に婆羅門たちの間に行なわれる「謎かけ《ブラフマ・ウディヤ》」において、宇宙の諸事象は何を拠りどころとするかが問われたりするところから、やがてその問われているものがブラフマンとなったとするのである。他方、ヴェーダ学を中心として多面的な著作活動を続けているゴンダは、諸文献において「ブラフマン」に表示されるものは実に多様であることを示したのち、この語がbṛh-（増大する）を語源とすること、それが表示するのは万物の支柱となる力を具えたものであるとすることは、諸文献のいずれにも認められているという所見を明述している。「ブラフマン」の語源として、非インド系の古い印欧語を想定し、ギリシア語「モルフェー」（morphē　形態）もそれに由来することを示した上で、讃誦などとして「形成」「定式化」されたものが「ブラフマン」であるとするティーメの説もある。

「ブラフマン」の原義については、このように見解がさまざまに分かれて、定説がない。ただ確実なのは、ブラフマンが祭式万能のブラーフマナ時代に、宇宙の最高原理、至高存在とみなされるに至ったことである。ブラーフマナ文献の新層に見られる創造神話には、それまでプラジャーパティが占めていた創造主の位置にブラフマンが置かれるようになる。

太初においてこの宇宙は実にブラフマンであった。それは諸神を創出した。それは諸神を創出したのち、これらの世界に分置した。この世界（地界）にアグニ（火神）を、空界にヴァーユ（風神）を、天界にスーリヤ（太陽神）を。……

（『シャタパタ梵書』一一・二・三・一―六）

そしてこの傾向は、初期ウパニシャッドの古層に継承されている。

太初には、この世は実にブラフマンのみであった。それは自己自身を「われはブラフマンなり」と自覚した。……（B 一・四・一〇）

太初に、この世には実にブラフマンがまったく単独で存在していた。それは唯一であって、未だ分化していなかった。……（B 一・四・一一）

2 プラーナ（気息）

不死の探究

ウパニシャッドにおいて、「ブラフマン」と並ぶもう一つの重要な概念は「アートマン」である。ブラフマンが宇宙の最高原理であるのに対して、アートマンは個体の本質である。「アートマン」という語は、『リグ・ヴェーダ』以来用いられているが、それは死後の運命についての問い、人間における不死の要素の探究と関連して、しだいに重要性を持つようになり、ウパニシャッドにおいては、個体の本質を表わす代表的な語となっている。

さきに、大宇宙と小宇宙の対応の思想について述べたときに記したように、人が死ぬと、彼を構成している諸機能は、対応する自然界の要素の中に解消するというのが、ヴェーダ時代の考え方であったが、他方では、死んだ後に天上の世界に赴く影のような煙のような霊体があると信じられていた。死者が火葬に付されて、諸機能や身体が自然の中に離散してしまうと、その霊体は火神アグニの翼に乗り、風神マルトの涼風に支えられ、人類の祖ヤマが拓《ひら》いた道を、ヤマの使者である二匹の犬に守られて進み、最高天にあるヤマの王国に至る。そこで死者は再び身体を得て、神々や祖霊たちと会し、美しく葉の茂る木の下で、共に神酒ソーマを飲み、酥《そ》油《ゆ》や蜜《みつ》を味わい、管絃歌曲を楽しみながら不死の生活を送るのである。

このように死後天界に赴く霊体は、人が生きている間、彼の身体や諸機能を生かしている「生命」である。『リグ・ヴェーダ』には生命をあらわす語として「アス」(asu) および「マナス」(manas) がよく用いられている。「アス」は生理学的な意味での生命で、「呼吸」とも解され、「マナス」は思考・認識や、情意作用の拠りどころとなる「意《こころ》」である。たとえば「ヤマの歌」(一〇・一四) には、ヤマの使者である二匹の犬が、人の「アスを奪うもの」といわれ、われわれを狙っているそれらの犬が、「幸せなアスをわれわれに返し与えるように」という希望が述べられている。また、「ヤマのもとに遠く去った……マナス」をよびもどすために、「死者を蘇生させる歌」(一〇・五八) が唱えられる。

『リグ・ヴェーダ』時代の楽天的な来世観はやがて保持されなくなった。この世の人間が死をまぬがれることができないように、ヤマの王国において楽しい生活をしている者にも、死は必ず迫ってくるのではないかと考えられるようになり、再死に対する恐怖に人々は心をとらえられた。ブラーフマナ文献には、祭式の執行によって再死が克服され、不死が達成されるということがしきりに説かれる。そしてウパニシャッドにおいては、生命の本質、死後の運命についての思索を通して、不死の探究が行なわれるのである。

その探究に重要な手がかりを与えたのは、睡眠現象の観察であった。死後の生活を直接経験することは不可能であるが、睡眠状態はいわば一時的な死である。人が眠っている間、身体は動かなくなり、眼・耳等の諸器官はその機能を停止してしまう。しかし、人が目をさますと諸器官は機能しはじめ、身体は活動を再開する。したがって、身体や諸器官が死んだようになっている間にも生き続け、それらに再び生命を与える要素があると推定される。そして、このような要素こそが、人間における不死のもの、生命の本質と考えられたのである。このような考察にもとづいて、気息《プラーナ》を生命の本質とする説が形成され、またアートマンの本質に関する認識が深められた。

「マナス」はブラーフマナ――ウパニシャッドにおいても重視され、後述するように、アートマンは「マナス」を本質とするという説もあらわれるが、「アス」に関してはその後思索が展開されず、それにかわって、気息、生気を意味する「プラーナ」(prāṇa)が、生命原理として重要性を持つようになった。『アタルヴァ・ヴェーダ』においてプラーナは、諸機能が眠っているときにも端然と目覚めている個体の生気（気息）であるとともに、大地に雨をもたらして家畜や草木に生命を与える宇宙の生気（風）でもあるものとして、万有の主宰者の地位に高められている（一一・四）。

プラーナの優位

ウパニシャッドにおいては、プラーナを生命原理とする思想が、プラーナと他の諸機能とが優位を争う物語などを通して確立されている。

さて、諸機能（気息・語・眼・耳・思考力）は、「私が優れている」「私が優れている」と、自己の優位について言い争った。それらの諸機能は、父であるプラジャーパティのもとに赴いて、「尊者よ、われわれのうちで誰が最も優れていますか」と言った。プラジャーパティは彼らに言った。――「おまえたちのうちで誰か一人が出て行ったときに、身体がいわば最悪の状態になったと思われるならば、その者がおまえたちのうちで最も優れている」と。そこで語が〔身体から外に〕出て行った。彼は他所に一年間住んだのちに、帰ってきて言った。――「私なしに君たちはどのようにして生きることができたか」と。「口の不自由な者はものを言わないが、気息で呼吸し、眼で見、耳で聞き、思考力で考える。それと同じようにだ」と〔他の諸機能は言った〕。語は〔再び身体に〕入った。眼／耳／思考力が……「眼の不自由な者はなにも見えないが／耳の不自由な者はなにも聞かないが／愚者は思考力を欠いているが、気息で呼吸し、……それと同じようにだ」と〔他の諸機能は言った〕。……次に気息が〔身体から外に〕出て行こうとして、あたかも駿馬が足の鎖を繋《つな》いである杭《くい》を引きぬいてしまうように、他の諸機能をひきぬいた。諸機能は彼のもとに集って、「君、もどってくれ。君がわれわれのうちで最も優れた者だ。出て行かないでいただきたい」と言った。……人々は〔各機能を〕語、眼、耳、思考力とはいわず、機能《プラーナ》とよぶ。なぜならば、気息こそがこれらのすべてだからである。

（C 五・一・六―一五、B 六・一・七―一四）

眼、耳等は、後代になると、認識主体が対象を知覚する道具、すなわち知覚器官と考えられるようになるが、ウパニシャッド時代には、それぞれ見る機能、聴く機能等であった。それらの機能を表わすのに「プラーナ」という語が用いられる。すなわち、各器官は見る、聴く等の機能を営んでいる生気《プラーナ》としてとらえられているのである。諸機能に対する「プラーナ」という呼称のいわれを、この物語は、諸機能が自分たちのうちで最も優れたものである気息《プラーナ》の名にあやかったと、説明している。

諸機能が相互に優劣を争い、気息が勝利する物語は他にも見られる。

これらの神格（語・眼・耳・思考力・気息）は自己の優位について言い争っていたが、彼らはこの身体から出て行った。それ（身体）は呼吸もせず、乾燥して、木片のように横たわっていた。そこで語がそれに入った。それは語によって語ったが、横たわったままであった。次に眼がそれに入った。それは語によって語り、眼によって見たが、横たわったままであった。……耳／思考力……。そこで気息がそれに入った。するとはじめてそれは立ち上がった。……

（K 二・一四）

他の諸機能に対する気息の優位が、祭式学的な色彩を持った物語によって示されている例もある。

プラジャーパティの子孫である神々とアスラ（魔族）たちとが戦ったとき、神々は「これで彼らにうち勝とう」と思って、ウドギータ（旋律の一種）をとり出してきた。

彼らは鼻孔の息をウドギータと同置した。アスラたちは罪によってそれを害《そこな》ってしまった。それ故に、〔今日でも〕人はそれ（鼻孔の息）によって芳香と悪臭の両方を嗅《か》ぐのである。

続いて神々は、語、眼、耳、思考力を順次にウドギータと同置したが、それらはいずれもアスラたちによって害われてしまった。それ故に、今日に至るまで、人は語によって真実と虚偽を語り、眼によって美と醜を見、耳によって聞くべきことと聞くべきでないことを聞き、思考力によって思うべきことと思うべきでないこととを思うのである。

次に彼ら（神々）はこの口腔の息《プラーナ》をウドギータと同置した。アスラたちがそれに襲いかかったとき、彼らは砕け散ってしまった。あたかも〔土塊が〕固い石にぶつかって砕け散るように。

人はこれ（口腔の息）によって芳香も悪臭も識知しない。なぜならば、これは罪を離れているからである。人がそれ（口腔の息）と共に食べるもの、それと共に飲むものは、他の諸機能を促進する。人は最後にこれを見出さなくなって、死んで行く。――最後に人は口を開いているのである。（C 一・二・一―九、B 一・三・一―七）

プラジャーパティに創造された諸機能が互いに争っているうちに、死神《ムリトユ》が疲労となって彼らに近づき、彼らを捕えて監禁してしまった。しかし、気息だけは捕えられなかった。——気息が諸機能のうちで最勝のものであることが、このように物語られている一節もある。いうまでもなく、睡眠現象の観察にもとづいて構成された物語である。そしてそこには、小宇宙と大宇宙の対応の思想によって、「個体に関して」気息が他の諸機能に対して占める位置を、「神格に関して」は風が他の諸神格に対して占めていることが述べられている（B　一・五・二一—二二）。

摂収する者

気息《プラーナ》を生命原理とする思想が最もまとまった形をとっているのは、『チャーンドーギヤ』第四章において、ライクヴァに帰せられている「摂収者《サムヴァルガ》」説である。『シャタパタ梵書』に見られるその原型にはすでに前章で言及したが、『チャーンドーギヤ』にはこの教説が一篇の物語の中に織りこまれている。

ジャーナシュルティ・パウトラーヤナは信心深く、惜しみなく布施し、〔人に施すために〕多量の食物を用意していた。彼は「人がどこにいても私の家で食事するように」と、あらゆる方面に住居をつくらせた。さて、夜に雁たちが飛んできた。そのとき一羽の雁がもう一羽の雁にこう言った。――「おいおい、目の小さいの。ジャーナシュルティ・パウトラーヤナの〔光〕に匹敵する光が天に拡がっている。それが君を焼いてしまうといけないから、それに触れてはならないぞ」と。他方は彼に答えた。――「いったい誰のことを、君はそういう風に、一手に集めるライクヴァであるかのように言うのだ」「ライクヴァといえば、彼はどうして〈一手に集める〉ライクヴァと言われるのだ」「ちょうど勝ったクリタの目に負けた骰子《さい》が集まって行くように、人々が何かよいことをすれば、それがみんな彼が知っていることを知っている人のところへ集まって行くのだ。その彼のことを私はそう〈一手に集める〉ライクヴァと言ったのだ」

このような雁たちの会話を聞いて目をさましたジャーナシュルティは、侍者に命じてライクヴァを探しに行かせた。侍者はやっとのことで荷車の下で疥癬《かいせん》を掻いているライクヴァを見つけて帰って来たので、ジャーナシュルティは六百頭の牛と、黄金の装身具と、騾《ら》馬《ば》を繋いだ車を伴って、ライクヴァのところへ教えを乞いに赴いた。しかしライクヴァは嘲笑してこれらの贈り物を拒絶した。ジャーナシュルティは牛を千頭にふやし、さらに自分の娘をも連れ、再度赴いて教えを乞うたところ、美しい娘が気に入ったライクヴァは「摂収する者」について次のように教示した。

風こそ実に「摂収する者《サムヴァルガ》」である。火が消えるとき、それはまさしく風に入る。太陽が沈むとき／月が沈むとき／水が乾くとき、それはまさしく風に入る。なぜならば、風こそがこれらすべてを摂収する《サムヴリンクテー》からである。以上が「神格に関して」である。

次に「個体に関して」――気息こそ実に「摂収する者」である。人が眠るとき、語はまさしく気息に入る。眼／耳／思考力は気息に〔入る〕。なぜならば、気息こそがこれらすべてを摂収するからである。

神々の間では風、諸機能のうちでは気息――この二つが実に「摂収する者」である。

（C 四・一・一―四・三・四）

語・眼・耳・思考力に対応するのは、火・太陽・方位・月であるが、ここでは方位のかわりに水が挙げられている。風が方位を摂収するというのは不自然なので、「方位は風の中に存立している」という『シャタパタ梵書』の表現にかえて、風が水を乾かすという明白な現象を挙げたために、対応関係が不完全になっているのである。

最後にこの教説が「クリタの目」に結びつけて説明される（C 四・三・八）。気息とそれに摂収された四種の機能を合計すると五となり、また、風とそれに摂収された四種の神格を合計すると五となる。したがって、二つの「摂収者」の合計は十という数になる。これはクリタの目とそれに摂収される負けた骰子の目を合計した数に一致するのである。賭《と》博《ばく》は古い時代からよく行なわれたが、ヴィビーダカの実を多数賭《と》場《ば》に撒《ま》き、それを手につかみとって、その数によって勝負が決められたという。四で割り切れるのが最善の目（骰子ではないが、便宜上「目」とよぶことにする）でクリタと称せられ、割り切れずに剰余が三、二、一となるのが、トレーター、ドヴァーパラ、カリとよばれ、順次に、より悪い目とされた。クリタは四足《パーダ》を具えた完全な目で、順次に一足を欠き、最悪のカリは一足のみであることになる。そして、勝ったクリタに他は全部摂収されるから、クリタは十という数になるのである。十はまたあらゆる方角（四方・四維・上下）であるから、クリタの目はあらゆる方角における食物と同置される。したがって、あらゆるところで人に食物を施す用意をしていたジャーナシュルティは、「摂収する者」に関して教えを受けるにふさわしい者だったのである。摂収する者、クリタの目、あらゆる方角における食物を関係づける文に続いて、「このように知る者は食物を享受する者となる」ということが述べられ、この物語は終わっている。

気息《プラーナ》を生命原理とする思想は、この「摂収者」説をこえてさらに新たな展開をとげることはなかった。「プラーナ」(prāṇa)という語は、「呼吸する」を意味する語根 an- をふくんでおり、プラーナを呼吸という生理学的な機能と切り離すことは困難である。気息《プラーナ》が他の諸機能より優れていることは、たしかに幾つかの物語によって示されている通りであるが、しかし、眼・耳等が気息によって見る、聞く等の機能を営むとも、あるいは気息が眼・耳等によって呼吸するとも考えられない。気息は決して諸機能を統合する中心的機能なのではなく、他の諸機能と並ぶ一つの機能なのである。この点が気息を生命原理とする説の展開を阻む制約となる。そして気息は最勝者としての地位を、やがてアートマンにゆずることになるのである。

3 アートマン

生きものを「いきいきと」させるもの

「アートマン」(ātman)の語源については、さまざまな説が立てられている。最も有力なのは、この語を「プラーナ」と同じく、an-(呼吸する)から派生したものとなす説で、呼吸、気息が原義とされ、ドイツ語の Atem(呼吸)との類縁関係が指摘される。『リグ・

ヴェーダ』におけるこの語の用例が、たとえば「眼は太陽に赴け、アートマンは風に」（一〇・一六「葬送の歌」の一節）というように、大宇宙の風との相関関係を示唆していることが、この解釈の根拠になる。そのほかにも、vā-（〔風が〕吹く）の祖型として想定される*av-を語根とみなす説もある。at-（行く）からの派生語となす説、ātmanの縮小形であるtmanが「身体」を意味するtanūと同義に用いられることを指摘する説などがあり、また、ātmanは人称代名詞ahamのa-と指示代名詞語幹ta-の両要素から成る語で、「この自我」を意味するという説が提唱されたこともある。

ルヌーの数多い業績の中に、ヴェーダ文献における「アートマン」の用例を概観して語義を考察した小論があるが、気息を「アートマン」の原義とする説はそこに否認されている。ルヌーの論文にもとづいて『リグ・ヴェーダ』におけるこの語の用例を検討してみると、その幾つかには風との関連が見られるが、他の多くの用例は、「アートマン」が気息より広い内包を持つ概念であることを示している。

たとえば、太陽神スーリヤは、「動くもの・動かないもの（生物・無生物）のアートマン」であり（一・一一五・一）、神酒ソーマは「祭祀のアートマン」である（九・二・一〇、九・六・八）。また、薬草を手にとることによって「疾病のアートマン」は消滅する（一〇・九七・一一）。アートマンは身体とも異なるもので、アートマンと身体とが栄養物と衣服、すなわち内実と外形とされる場合があり（八・三・二四）、「いとしい」アートマンが身体と対をなしている例もある（一・一六二・二〇）。

また、アートマンは力と並挙されることがある。――プラジャーパティは「アートマンを与え、力を与える者」であり（一〇・一二一・二）、神酒ソーマが「アートマンに力を与えるもの」としてインドラに奨《すす》められる（九・一一三・一）。呪法的讃歌の中には、薬草の使用によって患者のアートマンを獲得しようと願う（一〇・九七・四）とか、呪句を唱えて衰弱症を患者の全アートマンから駆逐する（一〇・一六三・五）という用法があり、これらの例において「アートマン」は「生命」を意味していると解することができる。

要するに「アートマン」は、生きとし生けるもの――今日の知識で無生物と区別される生物ではなく、ヴェーダ時代の人の意識にとって生あるもの――の「いきいきとした」性質の根底にある何ものかをあらわす概念であって、生命力、寿命を意味する「アーユス」（āyus）に近似するが、力ではなく、また、「アス」や「プラーナ」とは区別されるが、親縁関係にあるものであった。

九門の城塞の中の蓮華

『リグ・ヴェーダ』以後の文献において、「アートマン」はしだいに哲学的意義を帯びるようになった。『アタルヴァ・ヴェーダ』には、それが、生きものを生かしている要素・機能ではなく、諸機能や身体の統合体である個体の「人格」を意味する語として用いられている。すなわち、アートマンは、同じ個体を構成している他の機能や身体と対比されるよりも、外的なもの、他者である父、息子、妻から、あるいは家畜から区別されるのである。また、「アートマン」を再帰代名詞として用いる例があらわれるが、「(自己)自身」を意味する用法が、個体を他の個体から識別する「人格」の観念を前提していることはいうまでもない。この再帰代名詞としての用法はブラーフマナ文献に頻出する。おそらくこの用法が、アートマンを反省によってとらえられる内面的なもの、本質的なものとみなす傾向を助長したと考えられる。

「アートマン」を「身体」「胴体」とする用法は、ブラーフマナ文献におけるアグニチャヤナ祭式の意義解釈に端を発するといわれるが、この語義はウパニシャッドにおいて特に重要ではないのでここには詳説しない。ブラーフマナ文献における「アートマン」をルヌーは概括して、それは身体でもなく、人格でもなく、霊魂でも気息でもなく、これらの要素のすべてに関わるものであると述べ、さらに、それは所与の要素を完全なものにする何ものかで、四肢に対しては胴体であり、身体に対しては全人格であり、ともかく、人間に生命ないしは個体性を与えるものであるという解釈を提示している。

注目に値するのは、ウパニシャッドを想わせる高度に哲学的なアートマンの観念が、『アタルヴァ・ヴェーダ』にあらわれていることである。天地万物を支える「支柱《スカンバ》」を讃える哲学的讃歌の末尾に、次のように述べられている。

九つの門がある〔城塞のなかの〕蓮華《れんげ》〈心臓〉は、三本の糸《グナ》によって被われている。その中にあるいきいきとした霊的存在を、ブラフマンを知る人々は知る。

欲望なく、賢明、不死で、自存し、活力に満ち、どの点からみても欠陥がないもの、――その賢明な、不死の、若々しいアートマンを知る人は、死を怖れない。

（一〇・八・四三―四四）

「九つの門がある蓮華」は、他の資料（C 八・一・一その他）にもとづいて「九つの門がある城塞〈ブラフマンの城塞〉の中の白蓮華の住居」すなわち、九竅《きゅうきょう》（口・両眼・両耳・両鼻孔・大小便の排泄口）を持つ身体の中にある蓮華の花弁の形をした心臓である。その中にいる「いきいきとした霊的存在」はアートマンである。心臓の内部に存在する不老不死のアートマンを認識することによって、生死を超えた境地に達することができるということの詩節にあらわれた思想は、自己の内面に沈潜することによって、ブラフマンとの合一の境地を見出すウパニシャッドの神秘思想に連なるものである。ただ、この「支柱《スカンバ》の歌」は、当時の思想界に知られていた諸原理を統合しようとする意図があるといわれるもので、この詩節も、アートマンをめぐる思索の発展を示すよりも、最高実在に関する思弁がアートマンにも適用されたものと解することもできる。ウパニシャッド以前においては、アートマンとブラフマンの合一の思想がまとまった教説として展開されるには、未だ機が熟していなかった。

創造主としてのアートマン

ともかく、ブラーフマナ時代において、アートマンは個体としての人間の中枢をなすものと考えられるようになった。『シャタパタ梵書』一一・二・一・二には、「人間には十種の機能《プラーナ》がある。アートマンは第十一番目のものであり、これら諸機能はそれを拠りどころとしている」と述べられている。そして、ブラーフマナ時代に、最高実在とみなされるに至ったブラフマンが、創造神話においてプラジャーパティが占めていた創造主の地位にとって代わり、ブラフマンからの万物創造が説かれるに至ったように、初期ウパニシャッドの古層には、アートマンを創造主とする創造神話が説かれるようになる。

太初には、実に、アートマンがただ独りこの世に存在していた。他に何ひとつ瞬《また》いていなかった。彼は、「さあ諸世界を創造しよう」と思った。彼はこれら諸世界を創り出した。すなわち、天の水、光の粒子、死の領域である。天の水は天の彼方にあり、天空がその拠りどころである。光の粒子は空界である。死の領域は地で、下方にあるのは水である。

（『アイタレーヤ』一・一・一―二）

これに続いて、創造主アートマンがこれら諸世界の守護神を創造することが物語られている。また、アートマンが自分の半身を切り離して女をつくり、これと交わって生類を創造するという神話も語られる。

太初に、この世にはただ人間《プルシャ》の形をしたアートマンのみが存在していた。彼はあたりを見まわしたが、自分以外のものを見出さなかった。……彼は、実に、すこしも愉《たの》しくなかった。それ故に、〔現在でも〕独りでいる人は愉しくないのである。彼は第二の者がほしいと思った。彼は女と男が抱擁《ほうよう》したほどの大きさであった。彼はまさしくこの自分の身体を二つに切り離した（apātayat<pat-）。こうして夫（pati）と妻（patnī）とが生じた。それ故にヤージニャヴァルキヤは、「この身体は、自分自身のい

わば片われである」と語ったといわれる。そういうわけで、〔半身の分離によって生じた〕空間は、〔分離した〕女によってまさしく充たされるのである。彼（アートマン）はその女と交わった。その結果、人類が生じた。ところで、彼女は考えた。「いったい、どうして、彼は私を自分自身から生んでおいて、私と交わったりするのでしょう。そうだ、隠れてやりましょう」と。彼女は牝牛《めうし》となった。〔すると〕他方（アートマン）は牡牛《おうし》となって、彼女とまさしく交わった。そうして牛族が生まれた。彼女は牝馬／牝驢馬《ろば》となった。……単蹄族が生まれた。……山羊・羊族が生まれた。このようにして、彼は、配偶関係にあるものは何でも、蟻《あり》に至るまで、すべて創造した。（B 一・四・一―五）

「普遍的アートマン」

「ブラフマン」はウパニシャッド以前に最高実在として確立されていたが、「アートマン」については概念内容が確定されていたわけではなく、ウパニシャッドの中に、さまざまな人がそれぞれ独自のアートマン論を説いている。「ブラフマン」が祭式との密接な関連のもとに形成された概念であるのに対して、「アートマン」は「個体に関する」概念であり、それをめぐる思索は、王族の間においても活発に展開されたと考えられる。事実、ウパニシャッドには、婆羅門が王族の者に教えをうけるという場面がしばしば見られ、ウパニシャッド思想全般が王族に起源を持つという説が、かつては提唱されたほどである。

ケーカヤ族のアシュヴァパティ王は、「普遍的アートマン」（一切の人に属するアートマン）を研究している人として知られていた。あるとき五人の学識ある婆羅門が集まって、アートマンとは何かという問題について討議をしていたが、彼らは偉大な学者ウッダーラカ・アールニの見解を聞くことにして、彼を訪ねた。しかし、ウッダーラカは、この問題について自分よりも深い知識を持っているのは、アシュヴァパティ王であると言って、五人の婆羅門たちとともに王のもとに教えを乞いに赴く。王は一同を快く迎えて逗留《とうりゅう》させ、入門の儀礼は行なわずに、彼らに「普遍的アートマン」について教えることにした。王が五人の婆羅門とウッダーラカに対して、つぎつぎに、「あなたは何をアートマンとして念想するか」と尋ねると、彼らはそれぞれ、天、太陽、風、虚空、水、地をアートマンとして念想していると答える。それに対して王は、それらは順次に普遍的アートマンの頭、眼、気息、身体、膀胱《ぼうこう》、足にすぎないことを指摘したのち、次のように語った。

実に、あなた方は、この普遍的アートマンを、個別的であるかのように認識して、食物を食べておられる。しかし、このアートマンを、指尺の長さで、計量をこえたもの（abhivimāna）として念想する者は、一切の世界において、一切の存在において、一切のアートマンにおいて食物を食べるのである。（C 五・一一―一八）

「指尺の長さのアートマン」は注釈者たちによってさまざまに解釈されているが、心によって瞑想《めいそう》される、したがって心臓の内部にいるアートマンと理解するのが適切と思われる。心臓の内部に住む親指大の人間としてのアートマンの表象は、中期ウパニシャッドなどにもあらわれる。アートマンは各個人の心臓の内部にあり、しかも、天地の間に遍満するものとして計量をこえている、というのがアシュヴァパティ王のアートマン観であった。

充　実

四ヴェーダをはじめ、神話・伝説や多岐にわたる学術を学び、神、鬼霊、蛇等に関する知識、さらにはブラフマンに関する知識をも修得したナーラダが、自分はただ「聖典《マントラ》を知る者」であって「アートマンを知る者」ではないことを自覚し、アートマンを知ることによって憂苦の彼岸に達したいという切実な願いをいだいて、サナットクマーラのもとに赴き、教えを受けたことが、『チャーンドーギヤ』第七章に記されている。サナットクマーラは、まず、学習によって身につけた多方面の知識は、すべて名（概念）にすぎないと指摘し、それからしだいに教示を深めて行くが、彼が最終的に明らかにしたのは、アートマンの本質は「充実」であるということであった。「人が他のものを見ず、他のものを聞かず、他のものを認識しない場合、それが充実である」「充実は、下方にあり、上方にあり、後方／前方／右側／左側にある。それはこの世の一切である」と説明したのち、彼は次のように述べている。

アートマンは下方にあり、アートマンは上方にあり、アートマンは後方／前方／右側／左側にある。アートマンこそこの世の一切である。実にこのように観察し、このように思考し、このように認識する者は、アートマンを愛し、アートマンと戯れ、アートマンと交合し、アートマンに歓喜を見出す。彼は自らを統御する者となり、あらゆる世界において思うままに行動する。……　（C 七・二五・二）

三十二年の修行

『チャーンドーギヤ』第八章には、神々と魔族との代表者がプラジャーパティに弟子入りして、アートマンについて学んだことが物語られている。

「罪が除かれ、老いず、死を離れ、憂いなく、飢えなく、渇きなく、その欲望は実現され、その意図は実現されるアートマンを、見出し、認識する者は、全世界を獲得し、あらゆる欲望を満足させる」とプラジャーパティが説いていることを知った神々と魔族とは、それぞれインドラとヴィローチャナとを代表者として選んで、アートマンに関する教示をうけるためにプラジャーパティのもとで修行をさせた。

三十二年経たのち、プラジャーパティは両人に、「眼の中に見える人間がアートマンである」という教えを授けた。人の眼をのぞきこむと、瞳孔《どうこう》に人の姿が映って見える。それが眼の中の人間である。プラジャーパティは、水を満たした水盤や鏡の中に見えるのも同じアートマンであると述べ、両人それぞれに身なりを整えた自分の姿を水盤に映させて、「それがアートマンである」と教えた。両人は満足して立ち去ったが、プラジャーパティはそれを見送りながら、「彼らはアートマンを理解せず、見出さずに帰って行く。神々あるいはアスラたちのいずれにせよ、この教えをウパニシャッドとする者たちは滅亡するであろう」と独白した。

ヴィローチャナはアスラたちのもとに帰って、教示された通りを仲間に伝えるが、インドラは帰る途中で疑問をいだいて、プラジャーパティのところへ引きかえした。そして、たしかに映像として見られるアートマンは、「この身体が美しい飾りをつけているときには美しい飾りをつけ、よい衣服を着ているときにはよい衣服を着ており、身なりを整えていれば身なりを整えているが、それと同様に、この身体が眼の不自由な者であれば眼が不自由であり、足が不自由な者であれば足が不自由であり、欠陥があれば欠陥があり、この身体が消滅すれば消滅してしまう。私はこれ（映像がアートマンであるという教え）を受けいれるべきものとは思いません」とプラジャーパティに告げ、再び滞留して修行を積んだ。

三十二年経たのち、プラジャーパティはインドラに、「夢の中で楽しみつつ歩きまわる者がアートマンである」と教えた。インドラは満足して神々のもとに帰りかけたが、再び疑念を生じて途中から引き返してきた。夢の中のアートマンは、実際の身体に欠陥があっても欠陥があることはなく、実際の身体が殺害されても殺されることもないが、しかし、それは夢の中で、殺されそうになったり、圧しつぶされそうになったりすることがあり、不快を感じたり、泣いたりするかに見えることがある。不老不死の、あらゆる欲望・意図を実現するアートマンはこのようなものではない、と彼は思ったのである。

最後の教え

三たび三十二年間の修行を行なったインドラに向かってプラジャーパティは、「人が睡《ねむ》って完全に平静になり、夢もみないとき、それがアートマンである」と教えた。この教えに対してもインドラは疑念をいだく。――この熟睡状態のアートマンは、自分自身を意識もせず、一切の存在物を認識もせず、消滅してしまったかのようであるが、それが真のアートマンであろうか、と。プラジャーパティのもとに引き返したインドラは、あと五年間留《とど》まって修行するようにと言われた。そして、その期間が過ぎたとき、プラジャーパティは最終的な教えを授けた。彼はまず、この可死の身体は、不死の、身体を持たないアートマンの拠りどころであると述べ、人が熟睡状態にあるとき、そのアートマンは身体を離脱して、本来の姿をとるということを、次のように説き示した。

……この〔熟睡時の〕「完全な平静」はこの身体から立ち昇って行って、最高の光輝に達し、自らの形であらわれるのである。……彼はそこで食べ、遊び、女たちと、あるいは乗物で、あるいは親族たちと楽しみながら、そして附属物であるこの身体のことを思いおこすことなく、歩きまわる。〔その間、〕車を輓《ひ》く動物が車に結びつけられているように、この気息はこの世の身体に結びつけられているのである。

（C 八・一二・三）

熟睡の際にアートマンは身体を離れて最高の光明に達する、というこのアートマン論の基礎をなしているのは、光＝火を生命原理とする思想であるが、この思想については第五章に詳説するであろう。プラジャーパティはさらに、このアートマンこそが知覚や思考の主体であって、諸機能はこのアートマンが欲するままに対象を見たり聞いたりするためのものであると説く。可死の身体に宿るこの不死のアートマンを、知覚・思考の主体として見出した者には、一切の世界が得られ、一切の欲望が達成される、ということを述べて、彼はアートマンに関する教示を終結させている（C 八・七・一—八・一二・六）。

深層の自己

夢や熟睡は、対象の感覚や知覚から成り立っている表面的な日常経験の世界とは異なる深層の世界を開示する。それをただ生理的現象としてやり過ごすのでない者にとっては、開示されたこの世界は、移ろいやすい日常経験の世界よりも真実である。その世界において、人は対象に制約されない自由な主体となる。それでも夢の世界においては、主体はなお意識内に印象としてとどめられている外的な要素の束縛を完全には脱しきれないが、熟睡の状態に達したときには、外物に影響されることのない純粋な主体として生きている。この熟睡のときに、純粋な、本来の姿であらわれる自己《アートマン》が、目ざめたときにおいても個体の深層をなしているのである。この物語には、アートマンを表面的にとらえる立場から、それを個体の深層においてとらえる立場へと、しだいに内面化して行くウパニシャッド的探究がよく示されている。

熟睡の中に、日常経験の世界から離脱した、本来の自己を見出した者にとっては、それのみが真実であって、日常経験の世界にある自己は虚妄と映ずるようになる。それは嫌悪すべきもの、ヤージニャヴァルキヤがしばしば述べているように、苦に満ちた、惨めなものなのである。しかしながら、人が熟睡から目ざめて、現実の世界にもどったときには、その真実の自己は直接経験されることなく、ただ反省されるにすぎない。それは虚妄の自己に被われて、とらえがたい、きわめて微細なものとなる。熟睡において開示された真実の自己に、すなわち自己自身の深層をなすアートマンに、現実の世界において到達したいと希求する者は、さまざまの修法を行なうことによって、微細なアートマンを自己の内部に見出すのである。「心を静め、感官を制御し、活動をやめ、耐え忍び、心を統一して、自己のなかにアートマンを認め、一切をアートマンと見る」とヤージニャヴァルキヤは述べている（B 四・四・二三）。

初期ウパニシャッドの時代においては、前章に考察した念想がアートマンを観想する方法であったが、やがてヨーガの修法が広く採用されるようになる。安定した姿勢をとって坐り、感官のはたらきを制御し、呼吸を調節し、心を統一して、アートマンの直観に至る行法が「ヨーガ」とよばれるようになるのは、中期ウパニシャッド以後であるが、「ヨーガ」の行法に統合される禅定《ぜんじょう》や三昧《さんまい》は、仏教やジャイナ教が興起した時代に、苦行者たちの間で実践されていた。

シャーンディリヤの教説

真実の自己が見出されるとき、それを被っていた虚妄の自己は壊《つい》え去る。深奥に潜んでいた微細なアートマンは、あらゆる制約をはなれたものとなり、あらゆるところに至り、すべての欲望や意図を実現するものとなる。それは個体の本質であると同時に、全宇宙に遍満する最高実在ブラフマンにほかならないのである。この真実の自己を見出した感動を、反省によって思想化する以前に、直観的に、散文詩のかたちで表現したのはシャーンディリヤであった。

……まことに、人間は意向から成る。人間がこの世においてどのような意向を持つとしても、それに応じた仕方で、この世を去ったのち彼は存在する。〔したがって〕彼は意向を定めるべきである。

思考力から成り、諸機能を身体とし、光輝を様相とし、その意図は実現され、虚空を本性とし、一切の行為をなし、一切の欲望を持ち、一切の香を具え、一切の味を持ち、この世のすべてを包摂し、言葉なく、関心のないもの、――この心臓の内部にある私のアートマンは、米粒よりも、あるいは麦粒よりも、……芥子種《からし》／黍粒《きび》／黍粒の核《さね》よりもさらに微小である。この心臓の内部にある私のアートマンは、地より大きく、空界より大きく、天より大きく、これら諸世界より大きい。一切の行為をなし、一切の欲望を持ち、……この心臓の内部にある私のアートマン、――それはブラフマンである。「この世を去ったのち私はこれに合一しよう」という〔意向を持つ〕人には、実に疑惑はない。（C 三・一四・一―四、『シャタパタ梵書』一〇・六・三参照）

こうして直観的にとらえられたアートマンとブラフマンの一体性が、ウッダーラカとヤージニャヴァルキヤという二人の哲学者によって、ウパニシャッド全篇を代表するような思想へと形成されて行くのである。

第四章 「有」の哲学――ウッダーラカの学説

1 有と非有と高次の有

ウッダーラカの人柄

ウッダーラカ・アールニはクル・パンチャーラ族の婆羅門で、ガウタマ家系に属し、父はアルナ・アウパヴェーシであった。クル・パンチャーラ族は「中国地方《マディヤ・デーシャ》」すなわちガンガー河とヤムナー河の中間の平原地帯に居住し、当時、最も強大で、文化的にも最も進んでいた部族であった。父アルナが真実を語ることに祭祀の実行と同じ価値を認める教説の信奉者であったことは第二章に記したが、『チャーンドーギヤ』三・一一・一―四には、彼が息子ウッダーラカに、太陽を諸ヴェーダという花から集められた蜜として念想すること、中天にかかって沈みも昇りもしない太陽をブラフマンと知ることを教えたと伝えられている。ウッダーラカはマドラ国（中央パンジャーブ地方）のパタンチャラ・カーピヤに弟子入りして、ヴェーダ祭式について学習していたが、カーピヤの妻に取《と》り憑《つ》いたガンダルヴァから、「この世界と彼方の世界、ならびにすべての被造物をつないでいる糸《スートラ》」と、「この世界と彼方の世界、ならびにすべての被造物を、その内部にあって制御している内制者《アンタルヤーミン》」について学び知った（B 三・七・一）。

　ブラーフマナ文献には、彼が北方に赴いて論争をした際の様子が物語られている。婆羅門文化の中心であるクル・パンチャーラ地方の婆羅門が来たので、その地の婆羅門たちは恐慌をきたしたが、結局シャウナカを代表に選んで、ウッダーラカと論争させることになった。シャウナカは彼に、「人は生まれたときには歯を持たず、やがて歯が生え、しばらく経《た》つと抜け、再び生えて長い間保持され、老年になると歯がなくなるのは何故か」「髪の毛は生まれたときから生えているが、鬚《ひげ》や腋《わき》などの毛は成年してから生えるのは何故か」などという問いを出し、彼はそれらの問いに答えられず、シャウナカの弟子になりたいと申し入れた。シャウナカはその必要はないとことわったうえで、それらの点についてウッダーラカに解答を与えた。祭式の中核をなす神々への献供に際して、祭壇へ神を招く「勧請の呪句《プローヌヴァーキャ》」を唱えるか否かを、歯の有無の説明とし、祭壇に敷くクシャ草等を毛髪になぞらえるなどである。

この逸話にウッダーラカの思想と関係ある要素を認めることはできないが、彼の人柄はそこに示されている。『チャーンドーギヤ』第五章には、彼がパンチャーラ国のプラヴァーハナ・ジャイヴァリ王のところへ赴いて、婆羅門の間には未だ伝えられていなかった教えについて、教示を乞うたことが記されており、また、五人の婆羅門が彼から「普遍的アートマン」について学ぶために訪ねてきたとき、それについては自分よりもケーカヤ族のアシュヴァパティ王の方が深い知識を持っていると言って、婆羅門たちと共に王のもとに赴いたことも、同じ章に物語られている。彼は自ら知者を以《もっ》て任ぜず、すぐれた学識を持つ人と思えば、誰にでも師事しようとする謙虚さを具えた人であった。

混沌から秩序へ

ウッダーラカは最高実在（ブラフマン＝アートマン）を「有《サット》」（sat ＝在るもの）としてとらえた。彼は自分の息子シュヴェータケートゥに教えを授ける際に、万物の始源は「有」であって、「非有《アサット》」から万物が生じたのではないと明言する。

太初には、愛児よ、この世には有だけがあった。それは唯一のもので、第二のものはなかった。一部の人々は、「太初にこの世界には非有だけがあった。それは唯一のもので、第二のものはなかった。その非有から有が生じた」と言う。しかし、愛児よ、どうしてそういうことがありえようか。どうして非有から有が生ずることがあろう。そうではなくて、愛児よ、太初にこの世界には有だけがあり、それは唯一のもので第二のものはなかったのだと彼は言った。

（C　六・二・一―二）

ここでウッダーラカが批判している思想――「非有」から「有」が生じたという思想は、『リグ・ヴェーダ』時代までさかのぼることができる。同書第十巻に収められる宇宙の創造に関する讃歌の一つ「ブラフマナス・パティの歌」（一〇・七二）に、「神々の最初の世において、有は非有より生じたり」という表現が見られ、また、初期ウパニシャッドにも、

太初には非有のみがあった。それから有が生じた。

（『タイティリーヤ』二・七）

と述べられている。

「非有」という語はまったくの非存在、虚無をあらわすのではない。「有」はこの世に現実に在るものであるが、現存在するすべてのものは、ただ偶然そこに投げ出されているのではない。それらは宇宙的な秩序ないしは規範にしたがって存在しているのである。この

規範、秩序が「天則《リタ》」と称せられるもので、それは神々によって護られている。「天則」の支配によって、日月は規則正しく運行し、季節は一定の周期をもって循環し、人倫の秩序は保たれ、祭祀は定式に則って施行される。

「有」は「天則」にしたがって存在するもの、秩序ある宇宙を構成している存在なのである。この「有」に対するものが「非有」であって、それは秩序づけられた存在様式を持たない、無限定な、混沌《こんとん》としたものを意味すると解せられる。

『チャーンドーギヤ』三・一九・一には、

> 太初には、この世は非有のみであった。それは在るものであった。……

と述べられている。「非有」は限定された形を持たない、混沌とした状態において在るものであったのである。『チャーンドーギヤ』は続けて、この「非有」から「有」が生ずる過程を次のように述べている。

> それ（非有）は生成して、かの卵が生じた。それは一年のあいだ横たわっていた。それ（卵）が割れて、卵殻は銀色のと、金色のとになった。銀色のものは大地であり、

金色のものは天である。卵殻膜は山であり、卵黄膜は雲・霧である。その卵管は河川である。内部にある液は大海である。そして〔その卵から〕生まれたものは太陽である。それが生まれるとき、騒音・歓声がおこり、あらゆる生物、あらゆる欲望が現われた。したがって、太陽が昇るとき、しかも昇るたびごとに、騒音がおこり、この世に存在する一切のものと、あらゆる欲望とが現われるのである。

（C 三・一九・一―三）

ここに叙述されているのは、後代に整然と説かれるようになる宇宙創造の経過である。それは混沌から秩序への過程にほかならない。天則に支配される「有」の世界が、明るい、神々の住む世界であるのに対して、混沌とした「非有」の世界は、暗黒の、魔族が住む世界である。天地創造は神による悪魔殺戮《さつりく》の神話として語られてもいる。「非有」から「有」が生ずるということは、混沌から秩序が生ずることを意味するのである。

ウッダーラカは「非有」を万物の始源とする思想を斥けたが、混沌とした無限定のものと相対的な、限定された形を持つ、秩序づけられた存在としての「有」を、万物の第一原因として措定《そてい》したのではない。彼の「有」は、ヴァン・バイトネンが試みたように、無限定のものと限定されたものとの両者を包括する高次の実在を探求する、初期ウパニシャッドの思想の流れの中に位置づけて解釈されなければならないであろう。

サティヤム

『リグ・ヴェーダ』以来、〈sat-〉（サット。在るもの）から派生した〈satya-〉（サティヤ。真実〔の〕）という語が重要視されている。この語は、しばしば、偉大な神を性格づけるのに用いられている。「現実に在るもの」（sat-）に属する／と関係がある／と一致する、という意味で、よく言葉や意図・欲望などについて述語され、それらがそのまま現実となる、換言すれば、それらは「真実である」「実現される」ということを表わし、そして、中性名詞〈satyam〉（サティヤム。中性主格形）は「真実」を意味する。また、「現実に在るもの」は規範・秩序にしたがって在るものであるから、「サティヤム」は、それに属するものとしての規範・秩序そのものを表わし、「法則《ダルマン》」や「天則《リタ》」と親縁関係を持つ語として用いられる。たとえば、『リグ・ヴェーダ』一〇・一九〇・一には「天則とサティヤムとは燃え立つ熱力《タパス》より生じたり」という句が見られる。

ブラーフマナ時代に、「ブラフマン」が最高実在とみなされるようになると、それは「サティヤム」と同置された。『シャタパタ梵書』一〇・六・三・一には「サティヤムをブラフマンとして念想すべきである」という文があり、同書二・一・四・一〇には「サティヤムはブーフ・ブヴァハ・スヴァハ（bhūḥ, bhuvaḥ, svaḥ 地・空・天を象徴する聖なる音綴）から成り、それがブラフマンである」と述べられている。

この傾向は初期ウパニシャッドにうけつがれ、「ブラフマンをサティヤム・知識・無限……として知る者は、……すべての望みを達成する」（『タイティリーヤ』二・一・二）「ブラフマンの名称はサティヤムである」（C 八・三・四）などという表現が見出される。

「サット」と「ティヤム」

この「サティヤム」（satyam）という語を「サット」（sat）と「ティヤム」（tyam）または「ティヤッド」（tyad）とに分解する擬似的語源解釈が初期ウパニシャッドにしばしば見られる。「サット」は具体的な形を持つ現存在を、「ティヤム」「ティヤッド」は形を持たない無限定のものを表わし、この両者によってこの世にあるもののすべてが包括されると説かれるのである。

彼（元初の一者）は、「多くなろう、繁殖しよう」という意欲をおこした。彼は苦行を修めた。彼は苦行を修めて、この世にあるどのようなものにせよ、そのすべてを創造した。それを創造したのち、彼はまさしくそれに入りこんだ。それに入りこんで、

「サット」と「ティヤッド」となった。（『タイティリーヤ』二・六）

実に、ブラフマンには二つの相がある。形あるものと形がないもの、可死のものと不死のもの、固定しているものと動いているもの、「サット」と「ティヤッド」である。

風と空間以外のものは形あるものである。それは「サット」である。この形あるもの、この可死のもの、この固定したもの、この「サット」の精髄は、かの灼熱《しゃくねつ》するもの（太陽）である。……他方、形のないものは風と空間とである。それは不死であり、それは流動しており、それは「ティヤッド」である。この形のないもの、この不死のもの、この流動しているもの、この「ティヤッド」の精髄は、この日輪の中にいる人間《プルシャ》である。……

以上は神格に関してである。次には個体に関して。気息《プラーナ》と身体の内部の空間以外のものが形あるものである。それは可死のもの、それは固定したもの、それは「サット」である。この形あるもの、この可死のもの、この固定したもの、この「サット」にとって、眼が精髄である。……他方、形のないものは、気息《プラーナ》と、この身体の内部の空間とである。それは不死であり、それは流動するものであり、それは「ティヤッド」である。この形がないもの、この不死のもの、この流動するもの、この「ティヤッド」にとっては、この右の眼の中にいる神人《プルシャ》が精髄である。……　（B　二・三・一―六）

『カウシータキ』第一章には、輪廻《りんね》の教説が素朴なかたちで見られる。この世の生を終えた者は月に到り、そこで月が尋ねる問いに答えることができれば天界に赴くが、答えられないときは、雨となって再びこの世に生まれるのである（第六章参照）。月の問いに答えて天界への門を通過した者は、さまざまな世界を経て、最後にブラフマンの世界に到達する。ブラフマー神は、彼が誰であるかを答えさせたのち、「私は誰か」と彼に問う。そのとき、

「サティヤム（真実）である」と彼は言うべきである。〔ブラフマー神はさらに〕「サティヤムであるもの、それはどのようなものか」と〔尋ねる〕。「神々（視覚等の諸機能を主宰する神格）および諸機能《プラーナ》以外のもの――それがサットである。そして、神々および諸機能――それがティヤムである。それ（サットとティヤム）がサティヤムというこの語で言い表わされる。この世の一切はこれで尽くされている。あなた

〔ブラフマー神〕はこの世の一切である〔から、あなたはサティヤムである〕と〔彼は答えるべきである〕。（K 一・六）

さきに引用した『ブリハッド』二・三・一―六において、「サット」と「ティヤッド」＝「ティヤム」とはブラフマンの二つの相とみなされている。すなわち、ブラフマンは「サット」と「ティヤム」との両者を統合したものなのである。そのブラフマンには「サティヤムの本質《サティヤム》」という名称が与えられている。

さて、〔ブラフマンの〕名称は「サティヤム〔すなわち「サット」と「ティヤム」〕の本質」である。〔個体に関していえば、〕諸機能（眼等および気息）こそ実にサティヤム（「サット」と「ティヤム」）であり、これはそれらの本質なのである。（B 二・三・六）

諸機能のうちで気息以外のものが「サット」であり、気息が「ティヤム」であることは、先引の文に述べられている。ブラフマンは「サット」と「ティヤム」すなわち「サティヤム」である諸機能の本質であるということを、この名称は意味しているが、ブラフマンにこの名称が与えられたのは、それが「サット」（形を持つもの）と「ティヤム」（限定された形を持たない、流動的なもの）よりもいっそう高次の存在としてとらえられたことを意味するであろう。

同じ名称は、他の個所ではアートマンに対して与えられている。――人が熟睡状態にあるとき、彼の諸機能はアートマンに摂収され、アートマンにおいて渾然一体《こんぜんいったい》となる。そして彼が目をさますとき、それらはアートマンからそれぞれの持場へと散って行く。

あたかも蜘蛛《くも》が〔自ら分泌する〕糸によって上に昇って行くように、あたかも火から微細な火花が飛散するように、それとまったく同じように、このアートマンから、一切の機能、一切の世界、一切の神々、一切の存在物が、諸方に出て行くのである。それ（アートマン）の秘儀的標示句は「サティヤムの本質《サティヤム》」である。実に諸機能は「サティヤム」（「サット」と「ティヤム」）であり、これ（アートマン）はそれらの本質なのである。　　（B　二・一・二〇）

サット・ティ・ヤム

最高実在を、形ある現実的なものと形のない無限定なものとの両者を統合したものとする見解にしたがって、「サティヤム」（satyam）という語を、サット・ティ・ヤム（sat-ti-yam）に三分する通俗的語源解釈も行なわれた。『チャーンドーギヤ』第八章には、最高実在ブラフマンが、「完全な平静」という語で表わされている。それは心臓の内部に存しているが、人が熟睡して夢もみないとき、それはこの身体から立ち出て行って、最高の光輝に達し、自らの本来の形であらわれる。それが不死・安泰のブラフマンにほかならない。このブラフマンの名称が「サティヤム」（サット・ティ・ヤム）である。

「サット」（sat）であるものは不死であり、「ティ」（ti）であるものは可死である。「ヤム」（yam）であるもの――それによって人は〔不死のものと可死のものとの〕両者をささえる（yacchati）。（C 八・三・五）

ここにはもはや「サティヤム」＝「サット」＋「ティヤム」という語の遊戯も影をひそめてしまっている。限定された形を持つ「サット」は可死であり、無限定な、形のない「ティヤム」は不死である、という思想もここでは放棄され、「サット」が不死、「ティ」が可死であると言われている。「ティ」がどういう理由で可死であるかについては、語呂《ごろ》合わせによる説明も示されていない。要するに、「サティヤム」を三つの要素に分け、その第三の要素によって、第一・第二要素を統合することだけが意図されているのである。教理学的語源解釈としては甚だ不手際なものであるが、しかし、ここには、限定されたものと無限定なもの、有と非有の両者をこえた、両者を包括するものを絶対者として措定しようとする傾向が示されているということができる。これは「サット」と「ティヤム」をブラフマンの二つの相とみなし、その二つの相を統合したものがブラフマンであるとなす思想と、同じ傾向にあるものと理解することができる。

高次の実在としての「有」

ウッダーラカの思想は、ヴェーダ後期におけるこのような最高実在に関する哲学的思弁を背景にして形成された。後述するように、「サティヤム」を三要素とする説が彼の哲学の基調をなしている。それは上述のサット・ティ・ヤムという語源解釈と関連しているように思われる。彼が始源に措定した「有」は、「アサット」(非有)と相対的な「サット」でもなく、「ティヤム」(形を持たない未限定のもの)に対する「サット」でもなく、より高次の、「サット」と「アサット」または「サット」と「ティヤム」を統合する「有」であると理解すべきであろう。

万象の第一原因、最高実在が、「有」と規定されていることによって、ウッダーラカの哲学を「実在論」と性格づけるのは適切ではない。「有」は自ら繁殖を意欲するという精神活動を具えた存在であって、後にサーンキヤ学派に説かれるような、精神性を持たない物質原理ではない。そして、この「有」は、客体的に思惟されたものではなく、それへの帰入、あるいはそれとの合一の体験を通して、自らの根底に見出されるべきものなのである。換言すれば、それは、人が現象的・個体的存在としての自己を脱却するときにはじめて、真に在るものとして自覚されるのである。

愛児よ、あたかも蜜蜂どもが蜜をつくるように、――彼らがさまざまな木の液を集め、糖液として一つにするように、〔そして〕そこでは、それら〔諸種の液〕は、自分はあの木の液である、自分はあの木の液であると弁別しないように、まことに、愛児よ、それと同じように、この世のすべての被造物は、有に合一すれば、「われわれは有に合一している」という意識のもとに、〔自分は何某である、自分は何某であると〕弁別しないのである。

愛児よ、これらの東方にある河川は東に向かって流れ、西方にある河川は西に向かって流れている。それらは海から〔大気中に昇って雲となり、雨として地上に降って河川に注ぎ、〕もとの海へと流れ入る。海だけが〔真に〕存在する。そこでは、それら〔諸河川〕は、自分はこの河である、自分はこの河であると意識しないように、まことに、それと同じように、愛児よ、この世のすべての被造物は、有に到達すると、「われわれは有に到達した」という意識のもとに、〔自分は何某である、自分は何某であると〕意識しないのである。

（C 六・九・一―六・一〇・二）

ウッダーラカは、このような「有」が万物の本質をなしていることを、身近な事象を例にしながら息子のシュヴェータケートゥに説明する。現象的・個体的存在は、その本質においては、最高実在としての「有」にほかならないのである。自己の内奥にこの「有」を見出すべきことを、彼は、「おまえはそれである」という直截的表現によって息子に教えている。榕樹《ようじゅ》の実《み》の例はすでに引いたので、ここには別の例を挙げよう。

「この塩を水の中に入れて、あすの朝わしのところへ来なさい」〔とウッダーラカは言った〕。彼（シュヴェータケートゥ）はそのとおりにした。彼に父が言った。「おまえが晩に水の中に入れておいた塩を、さあ、持って来なさい」。彼はそれをさがしたが、見つからなかった。〔塩は〕溶けてしまったようであった。「では、その水を〔こちらの〕端から啜《すす》ってみなさい。どのようだ」「塩からいです」「真中から啜ってみなさい。

どのようだ」「塩からいです」「〔そちらの〕端から啜ってみなさい。どのようだ」「塩からいです」「それを捨てて、わしのそばにすわりなさい」。そこで彼はそのとおりにした。〔塩は見えなくなっても〕それはずっと続けて水の中に存在するのである。父は彼に言った。「まことに、愛児よ、おまえはここ〔身体〕に有を認めないが、〔それは〕まさしくここにあるのだ。この微細なもの、――この世にあるすべてのものはそ

न्यग्रोधफलमत आहरेति । इदं भगव इति । भिन्द्धीति । भिन्नं भगव इति । किमत्र पश्यसीति । अण्व्य इवेमा धाना भगव इति । आसामङ्गैकां भिन्द्धीति । भिन्ना भगव इति । किमत्र पश्यसीति । न किंचन भगव इति ॥ १ ॥

तँ होवाच — यं वै सोम्यैतमणिमानं न निभालयस एतस्य वै सोम्यैषोऽणिम्न एवं महान्यग्रोधस्तिष्ठति । श्रद्धत्स्व सोम्येति ॥ २ ॥

स य एषोऽणिमैतदात्म्यमिदँ सर्वम् । तत्सत्यम् । स आत्मा । तत्त्वमसि श्वेतकेतो इति । भूय एव मा भगवान् विज्ञापयत्विति । तथा सोम्येति होवाच ॥ ३ ॥

लवणमेतदुदकेऽवधायाथ मा प्रातरुपसीदथा इति । स ह तथा चकार । तँ होवाच । यद्दोषा लवणमुदकेऽवाधा अङ्ग तदाहरेति । तद्धावमृश्य न विवेद ॥ १ ॥

यथा विलीनमेव । अङ्गास्यान्तादाचामेति । कथमिति । लवणमिति । मध्यादाचामेति । कथमिति । लवणमिति । अन्तादाचामेति । कथमिति । लवणमिति । अभिप्रास्यैतदथ मोपसीदथा इति । तद्ध तथा चकार । तच्छश्वत्संवर्तते । तँ होवाचात्र वाव किल तत्सोम्य न निभालयसेऽत्रैव किलेति ॥ २ ॥

स य एषोऽणिमैतदात्म्यमिदँ सर्वम् । तत्सत्यम् । स आत्मा । तत्त्वमसि श्वेतकेतो इति । भूय एव मा भगवान् विज्ञापयत्विति । तथा सोम्येति होवाच ॥ ३ ॥

『チャーンドーギヤ・ウパニシャッド』
6・12-13（本文17-18,146-148ページ参照）

れを本質としている。それは真実、それはアートマンである。シュヴェータケートゥよ、おまえはそれである」（C 六・一三・一―三）

2　三要素による現象世界の構成

熱・水・食物

最高実在を主観の外にある客体として思惟するのではなく、自己の内奥にそれを見出すこと、それとの冥合《めいごう》の神秘体験を通じて、それを自己の本質として知ることは、ウパニシャッドにおける他の教説にも見られる傾向である。ウッダーラカの思想の特色は、この「有」が万物に浸透し、万物の本質をなしていることを、要素説によって説いた点にある。

師匠のもとに弟子入りして、十二年にわたるヴェーダ学習生としての生活を終え、聖典に精通したと自認し、意気揚々として帰宅したシュヴェータケートゥに向かってウッダーラカは、「はたしておまえは、それがわかれば未だ聞かれなかったことも聞かれたことになり、未だ考えられなかったことも考えられたことになり、未だ認識されなかったことも認識されたことになるような、同一化の原理（アーデーシャ）を師匠にたずねただろうか」と問う。シュヴェータケートゥはそれについての知識を持たず、父ウッダーラカに教示を乞う。

たとえば、愛児よ、一個の土塊によって、あらゆる土でつくられたものは知られたものとなるであろう。――〔壺・皿などという〕名称は言葉による捕捉《ほそく》であり、〔土の〕変容である。土というのがまさに真実である。

たとえば、愛児よ、一個の銅製の装身具によって、あらゆる銅製のものは知られたものとなるであろう。――〔個々の銅製のものの〕名称は言葉による捕捉であり、〔銅の〕変容である。銅というのがまさに真実である。

たとえば、愛児よ、一個の爪切鋏《つめきりばさみ》によって、あらゆる鉄製のものが知られるであろう。――〔個々の鉄製のものの〕名称は言葉による捕捉であり、〔鉄の〕変容である。鉄というのがまさに真実である。

愛児よ、その同一化の原理とはこれと同じようなものだ。（C 六・一・四―六）

こういう前置きをしたのち、ウッダーラカは主題の説明に入る。

太初に唯一のものとして存在していた「有」は、「多くなろう、繁殖しよう」という意欲をおこして、熱（火）を生み出した。続いてその熱が繁殖の意欲をおこして水を生み出し、水が同じ意欲をおこして食物を生み出した。こうして、熱・水・食物という三要素が順次に生じた。

始源の一者が繁殖の意欲をおこして万物を生み出すのは、インドの創造神話に最も普通に見られる創造の過程である。『リグ・ヴェーダ』には、天地創造を大工の建造や冶工《やこう》の鍛造になぞらえる詩節もあるが、一者が何らかの質料因を用いて万象を造り出すという考え方はその後発展せず、創造を出生になぞらえる説が後代まで保持され、展開する。この創造説においては、一者とは別の、世界の質料因は存在しない。一者が自分の一部を自分の外に放出するのである。母胎から新しい生命が生み出されるように、万物は元初の一者から放出される。しばしば、天地創造以前に原水が想定され、繁殖の意欲をおこした一者が、苦行《タパス》を修めて、それによって生じた熱力《タパス》によって原水の上に天地万物を包蔵する黄金の卵を生みおとし、その卵が孵化《ふか》して万物が生じたと説かれる。

このウッダーラカの「有」論においても、創造は出産になぞらえられている。ただし、そこには苦行も黄金の卵も言及されていない。熱・水・食物の三要素が順次に生み出されたという新たな説が提示され、そして、「どこでも灼熱《しやくねつ》するところでは、人はまさしく熱のゆえに汗水を流す。――すなわち、それ(熱)から水が生ずるのである」「どこでも雨の降るところには必ず、まさしく水のゆえに食物が潤沢なのである。――すなわち、それ

（水）から食物が生ずるのである」という説明が加えられているのである。

三要素のうちの「食物」を八世紀のヴェーダーンタ学匠シャンカラは地元素と解釈している。しかし、この解釈は、火・水・地などという元素によって物質的存在は構成されているという考えが一般化した後代のものであって、ウッダーラカ自身のものではない。初期ウパニシャッドにおいて、食物の重要性が強調されている文は頻《しき》りに見られる。身体は地元素から成っているという考察ではなく、「生気は食物である」「食物から成る人間」という観念の方が、初期ウパニシャッドにおいて優勢である。ウッダーラカは、熱・水・食物を現象的存在を構成する要素とみなしているが、それらは究極的に単純な物質構成要素としての元素ではない。実体としての元素とそれが所有する性質とを区別する立場に立てば、熱は火の性質であるが、ここでは熱そのものが要素とみなされる。水は単一の性質を持つが、食物は元素に分解すれば複合体である。しかしながら、初期ウパニシャッドにおいては、これらの点が厳密に考えられていたわけではない。熱・水・食物は、現象的存在を構成する重要な要素として挙げられている。そしてそれらは神格として表象されている。

ウッダーラカは創造神話を続ける。――有は「生命としてのアートマン」をもって三神格（熱・水・食物）に入りこみ、それらの一つ一つを他の二要素と混合させることによって、さまざまな名称・形態（nāmarūpa　個体）をつくり出した。現象的存在はそれを構成している三要素の比率によって多種多様になるのである。

三種の色

こうして創り出された現象的存在はすべて、三要素の混合によって成っているという点において本質を同じくしている。したがって、その存在形態の相異に応じて異なった名称を与えられている個々の存在は、いずれも三要素に還元することができる。

火の赤い色《ルーパ》、それは熱の色である。白いのは水の色である。黒いのは食物の色である。〔このように火の形態《ルーパ》を三神格の形態に還元することによって、〕火から火の本質は消え失せてしまった。〔「火」という〕名称は言葉による捕捉であり、それは〔熱・水・食物の〕変容である。三種の色〔すなわち三神格の形態〕というのが真実《サティヤム》である。（C 六・四・一）

太陽・月・稲妻、その他さまざまの存在形態を持ち、それぞれの名称を与えられている火ないし光は、いずれも赤・白・黒、すなわち、熱の色、水の色、食物の色から成っている。名称に対応する固有の本質をそれぞれが持っているわけではなく、すべて三要素に還元することができるのである。「三種の色というのがまさに真実である」――ウッダーラカが師のもとから帰宅した息子に教示した同一化の定句はこれであった。

まさしくこのことを、賢者たち――学識すぐれた昔のりっぱな家長たちは語ったのである。なぜならば、彼らは、これら〔三種の色〕によって、「いまや誰ひとりとしてわれわれに、未だ聞かれなかったこと、未だ考えられなかったこと、未だ認識されなかったことを語ることはないであろう」と知ったからである。赤く見えるものがあったといえば、それは熱の色であるというようにそれを理解し、白く見えるものがあったといえば、水の色であるというようにそれを理解し、黒く見えるものがあったといえば、食物の色であるというようにそれを理解したのである。認識されたことがないかのように見えるものがあったといえば、まさしくこれら〔三種の〕神格の集合であるというようにそれを理解したのである。 （C 六・四・五―六）

すでに述べたように、ブラーフマナ時代から、「サティヤム」は最高実在ブラフマンと同置され、あるいはブラフマンの名称とされた。そしてそれをサットとティヤムとに分解し、形を持った固定的なものと、形を持たない流動的なものとの両者を、換言すれば現象的存在のすべてを「サティヤム」は意味するという解釈が行なわれていた。さらに、ブラフマンには可死のもの・不死のもの・両者をささえるものという三相があることを示すために、「サティヤム」をサット・ティ・ヤムと三音節に分ける擬似的語源解釈も行なわれた。「サティヤム」とブラフマンの同置は、現象的存在がその本質において最高実在ブラフマンであること、ブラフマンは現象的存在のすべてを包括し、統合するものであることを意味しているのである。

「三種の色というのがまさにサティヤムである」というウッダーラカの句は、彼の当時に行なわれていた右のような「サティヤム」の解釈を背景にして提示されている。最高実在としての「有」が万物に浸透していることを説明する際にウッダーラカは、榕樹の種子の核や水に溶けた塩のように、目に見えない微細な「有」について、「それは真実《サティヤム》である」と明言している。そして、その「サティヤム」は、すべての現象的存在がそれに還元される三要素——熱・水・食物——にほかならない。「サティヤム」をこのように知ることによって、現象的存在は「有」と同置されるのである。現象的存在を最高実在に同一化するのに、ウッダーラカは擬似的語源解釈に拠ることなく、独自の要素説を創唱したのであった。

食物の成分は思考力となる

ウッダーラカはさらに進んで、これら三要素がどのように人間存在を構成しているかを詳述する。

食べられた食物は三種に分けられる。その最も粗い成分は糞となり、中間の成分は肉となり、最もこまかい成分は思考力《マナス》となる。

飲まれた水は三種に分けられる。その最も粗い成分は尿となり、中間の成分は血となり、最もこまかい成分は気息《プラーナ》となる。

摂取された熱は三種に分けられる。その最も粗い成分は骨となり、中間の成分は髄となり、最もこまかい成分は言葉となる。（C 六・五・一―三）

凝乳《ぎようにゆう》がかきまぜられると、こまかい成分は上方にのぼり、それが酥油《そゆ》（液状のバター）となる。それと同じように、食物が食べられ、水が飲まれ、熱が摂取されると、そのこまかい成分は上方にのぼり、それぞれ思考力、気息、言葉となるのである。

（C 六・六・一―四）

思考力が食物から成り、気息が水から成ることを理解させるために、ウッダーラカは息子シュヴェータケートゥに、十五日間ただ水を飲むだけで食をとらないように指示する。十六日目になって父からヴェーダの誦唱を求められた息子は、何ひとつ頭に浮かんでこないと答える。父は息子に食事をさせ、それからさまざまな質問をすると、息子はそのすべてに答えることができた。ウッダーラカは説明する。――気息は水から成るのであるから、水を飲んでいる限り、気息が絶えてしまうことはない。しかし、食物から成る思考力は、食事をとらなければ衰弱してしまう。わずかに残った思考力は、食物を与えられると、あたかも残り火に草をたせば再び燃え立つように、再び活動するようになるのである、と（C 六・七・一―六）。

飢えと渇き

飢えと渇きはウパニシャッドにおいてしばしば関心の対象とされている。食物が人間の重要な構成要素とされるのと対応的に、飢えと渇きとは超克されるべき事象としてとり上げられるのである。「万物に内在するアートマン」は、飢えと渇き、憂い、迷い、老齢、死を超越するものであると、ヤージニャヴァルキヤは『ブリハッド』三・五・一において述べている。ウッダーラカは別の観点から飢えと渇きに注目した。

そもそも人が〔飢えて〕食物をほしがるという場合、水〔消化液〕こそが彼が食べた《アシタ》ものを導き去って《ナヤンテー》しまうのである。たとえば、〔牛飼いのことを〕「牛を導く者《ゴー・ナーヤ》」、〔馬丁のことを〕「馬を導く者《アシュヴァ・ナーヤ》」、〔王や将軍のことを〕「人を導く者《プルシャ・ナーヤ》」というのと同じように、水のことを「食を導くもの《アシャナーヤ》」〔飢え〕と人々はいうのである。……

（C 六・八・三）

次に、そもそも人が〔渇きをおぼえて〕飲み水をほしがるという場合、熱こそが彼の飲んだものを導き去ってしまうのである。たとえば、〔牛飼い、馬丁、王・将軍のことを〕「牛を導く者」「馬を導く者」「人を導く者」というのと同じように、熱のことを「水を導くもの《ウダンヤー》」〔渇き〕と人々はいうのである。

（C 六・八・五）

熱・水・食物は「有」から順次に生じたが、後に生じた要素は先行する要素の中に再び摂収される。飢えと渇きという事象はこのことを示しているのである。同じことは睡眠の場合にも観察される。人が目ざめているあいだ、対象に応じてあちこちに飛びまわっていた思考力は、彼が睡眠の状態に入ると活動を停止し、彼はただ静かに呼吸しているだけである。食物から成る思考力は、水から成る気息の中にとけこんでしまうのである。

あたかも紐《ひも》でつながれた鳥が、あちらこちらと飛んでみて、ほかに止まるところが得られず、まさしくつながれているところに止まるように、まことに、愛児よ、かの思考力もまったく同じように、あちらこちらと飛び立ってみて、ほかにやすらうところが得られず、まさしく気息にやすらうのである。なぜならば、愛児よ、思考力は気息につながれているからである。（C 六・八・二）

臨終に近づいた人は、思考力を失って意識不明になる。やがて彼の気息は絶え、そして彼の体から体温が引いて行く。——食物から成る思考力は水から成る気息の中にとけこみ、気息は熱に摂収され、最後に熱が「有」に合一するのである。

「有」に到る道

しかし、「有」との合一は、死によってのみ達成されるのではない。師から教えを学び、学んだ教えを熟考し、自らの本質をなしている「有」を知ることによって、人は個体的存在から脱却し、「有」に成るのである。

たとえば、愛児よ、だれかがガンダーラ地方から、人を眼かくししたままで連れて来て、そして彼を人里離れたところに置き去りにするとしよう。眼かくしをして連れて来られ、眼かくしをしたまま置き去りにされた彼は、そこで、あるいは東へ、あるいは北へ、あるいは南へ、あるいは西へと、飄々《ひょうひょう》とさまよい歩くであろう。

だれかが彼の眼かくしを解きほぐして、「ガンダーラ地方はこの方向だ、こちらへ行きなさい」と言えば、彼は村から村へとたずねながら、〔道を〕学び知り、洞察力もついて、まさしくガンダーラ地方に到達するであろう。

それと同じように、この世において、師を持つ人は〔有に到達する道を〕知るのである。〔無知の眼かくしから〕解き放たれるまでは、彼には〔正しい方向に歩みだすことに〕遅延があるが、やがて〔有に〕到達するのである。（C 六・一四・一―二）

第五章　「非ず、非ず」のアートマン——ヤージニャヴァルキヤの思想（1）

1　生命原理としての火

「一切人火」

ヤージニャヴァルキヤは、『シャタパタ梵書』に、祭祀に関する権威としてしばしばその名が挙げられ、『ブリハッド』第三・四巻には哲学者として登場する。他の若干のヴェーダ文献に彼への言及が見られるが、それらは、この両書の記述に対応している。『ブリハッド』第六巻の末尾に記された師資相承《ししそうしょう》の系譜によれば、彼はウッダーラカの弟子であったが、ヴィデーハ国王ジャナカの宮廷における諸学者との神学的対論の際には、ウッダーラカをも論破し、沈黙させている。ウッダーラカは、パンチャーラ国のプラヴァーハナ・ジャイヴァリ王や、ケーカヤ族のアシヴァパティ王など、王族の者のところに自ら赴いて、彼らから教えをうける謙虚な人柄であり、婆羅門に対する礼として王が与えようとする恩典を固辞する清廉の学者であったが、ヤージニャヴァルキヤは彼とは著しく性格を異にしている。

論鋒《ろんぽう》するどく他の婆羅門たちを圧倒し、雄弁に学識を披瀝《ひれき》してジャナカ王の深い尊崇をうけ、討論会の賞品として王が柵の中に囲わせておいた、角に黄金が結びつけられている牛千頭を、討論に先立って、並居《なみい》る婆羅門たちを尻目に連れ去ろうとするようなことも平然としてのける。深い叡知《えいち》と、豁達《かったつ》自在な言動と、そして、遊行《ゆぎょう》生活に入るに際して、妻マイトレーイーと交わす愛情のこもった対話は、ヤージニャヴァルキヤにウパニシャッドを代表する哲人としての魅力を与えている。

ウッダーラカは最高実在が万物に浸透していることを、体系的な学説によって明らかにしたが、ヤージニャヴァルキヤには体系化の意図は見られず、最高実在が自己自身の内部に主体的にとらえられるべきものであることを、彼はひたすら強調する。個体の本質アートマンは最高実在ブラフマンにほかならず、それは絶対に客体化されえない主体であることを、彼は婆羅門たちとの対論において、ジャナカ王との対話において、マイトレーイーへの教示において、確信に満ちた調子で語るのである。

ウィーンの碩学《せきがく》フラウヴァルナー（一八九八―一九七四）は、鋭い洞察力によってインド思想史研究を著しく進展させたが、初期ウパニシャッドについてもすぐれた業績をのこしている。その中で彼は、ヤージニャヴァルキヤのアートマン論を、火を生命原理とする思想の発展形態として理解している。ヤージニャヴァルキヤの思想に関する私の解説も、フラウヴァルナーの研究成果に負うところが多い。

火を生命原理とする思想は、体温の観察にもとづいて生じたと推察される。生きている限り、人の体には温かみがあるが、死ぬと体は冷たくなる。そこで、人体内にある火こそが生命であると考えられたのであろう。

体内にある火は「一切人火《アグニ・ヴァアイシヴァーナラ》」（すべての人に属する火）と名づけられ、人はこの火によって食べたものを消化すると思われていた。手で耳を塞《ふさ》ぐと、ざわざわという騒音が聞こえるが、それは「一切人火」が食べたものを調理（消化）している音なのである。

この、人間の内部にあるものは、一切人火である。それによって、この食べられた食物が調理される。こうして両耳を蔽《おお》うと聞こえるのは、〔調理をしている〕その〔火の〕音である。人が〔この世から〕出立しようとするときには、彼は〔もはや〕この音を聞かない。

（B 五・九・一）

人がこの世に別れを告げようとするとき、「一切人火」は身体から外に出て行ってしまうので、彼はもはや食物を消化することもできず、耳を塞いでも調理の音は聞こえなくなる。そして、体温は引いて行き、冷たい屍体《したい》が残されるのである。

火の循環径路

身体から出て行った火は、太陽に赴く。体内の火は、もともと太陽から来たもので、人が死ぬとき、それは太陽へと還って行くのである。『チャーンドーギヤ』第八章には、火が彼方の太陽から体内に来《きた》り、身体を出て再び太陽に到る径路が、次のように記されている。

さて、これら心臓の脈管――それらは褐色・白・青・黄・赤の微物質によって満たされている。まことに、彼方の太陽――それは褐色・白・青・黄・赤である。

あたかも延びひろがる大道が、此方と彼方の二つの村に通ずるように、それとまったく同じように、これらの太陽光線は、此方と彼方の二つの世界に到る。彼方の太陽からひろがり及んで行って、それら〔の光線〕は、これらの脈管に入りこみ、これらの脈管から、ひろがり及んで行って、それらは彼方の太陽に入りこむ。

（C 八・六・一―二）

心臓からそれを包んでいる心嚢《しんのう》に、髪の毛を千分したほどに細い、ヒターと称せられる多数の脈管が走っている。その数は百一ともいわれ（C 八・六・六）、七万二千ともいわれている（B 二・一・一九）。心臓の内部にいるアートマンは、これらの脈管を通って流れてくる精選された食物を摂《と》っており（B 四・二・三）、人が夢もみない熟睡の状態にあるとき、アートマンはこの脈管に入って、心嚢のところでやすらっているのである（C 八・六・三、B 二・一・一九）。

これらの脈管は、太陽光線と連結している。太陽光線はとりどりの色をした光＝熱の微粒子で、それが心臓部の脈管を通って体内に入りこみ、消化を司る火となる。そして、人が息をひきとるとき、逆の径路を経て太陽に達するのである。したがって、彼方に燃え輝く太陽と、人体の内部にある火とは、同じものであるといわれる。

さて、この天の彼方に、万物の背上に、すべてのものの背上に、それより上はない最高の世界に、燃え輝いている光輝――まことに、これは、この人間の内部の光輝である。こうして、この身体に、触れることによって熱を感じるとき、それが知覚されているのである。人がこうして耳を蔽って、ちょうど燃え上がる火であるかのような、音響のような騒《ざわ》めきのようなものを聞くとき、それが聞かれているのである。

（C 三・一三・七）

人は死後に太陽光線によって上昇し、太陽に至るという記述は、ブラーフマナ文献にも見られ、生命原理としての火の循環の径路は、初期ウパニシャッド以前の時代から知られていたことが明らかである。ジャナカ王と対談するヤージニャヴァルキヤが引用する、おそらく起源の古い詩節の一つにも、ブラフマンを知る人々は、白・青・黄・緑・赤色の細い道を経て上昇し、天国に到るという表現がある（B 四・四・八—九）。

太陽の彼方の不死の世界へ

さて、死んだ人は太陽に到るとされたことから、太陽または太陽の中にいる神人《プルシャ》は死神であるという考えがあらわれるようになった。その例として、『シャタパタ梵書』二・三・三・七—九をあげることができる。

太陽は死神《ムリトユ》であって、太陽の此方にいる生類を思うままに死なせるということが、そこには記されている。生類はその生気が太陽の光線に繋《つな》がれていて、光線によって下降して来た太陽は、自分が死なせようと思う者の生気をとらえて上昇するので、その生類は死んでしまうのである。黄昏《たそがれ》と早朝に火神に献供するアグニホートラ祭を施行することによって、人は死神からまぬがれ、太陽の彼方の世界、不死の神々の世界に到ることができる。

火を生命原理とする思想によれば、この世の生と天の彼方の世界における生とは、循環的に交替することになるが、この『シャタパタ梵書』の一節に見られるのは、もはや素朴な生命の循環の観念ではない。この世の生には死がつきものであることがはっきりと意識され、死すべき者の世界であるこの世に対して、天の彼方には不死の世界があると考えられ、その世界に到ることが願われているのである。

生命としての火が循環の径路をたどって彼岸《ひがん》と此岸《しがん》の間を往来するのならば、この世の生は幾たびも繰り返されるが、そのことは、死の苦しみを何度も経験することにほかならない。死の苦しみからの解放、反復される生と死との連鎖からの解脱《げだつ》が、切実な課題とされるようになった事実が、ここに示されていると解せられるであろう。

ブラーフマナ時代に一般的な考え方にしたがって、この『シャタパタ梵書』の一節においても、祭式の実行が不死の世界に到る方法とされているが、祭式の実行よりも、むしろ知識が解脱の要訣《ようけつ》であるという見解は、太陽を生命の帰趨《きすう》とする思想とも結びついてあらわれるようになる。

太陽に関しては、その光線と心臓の脈管を結びつける表象とは別に、それを天の彼方の、光に満ちた不死の世界への入口とする見方も行なわれていた。太陽は車の轂《こしき》の大きさをした孔《あな》であって、光線がその孔を蔽っているが、死んで行く者に対しては、光線が分散してその孔があらわれ、死者はその中に入って行くというのである。太陽が穿《うが》たれた孔に見えるとき、車の轂のように見えるとき、その人には死期が近づいていると言われるが（『アイタレーヤ・アーラニヤカ』三・二・四）、それは右のような見方にもとづいてである。

『ブリハッド』五・一五・一―四（『イーシャー』一五―一八）には死んで行く者の祈念が収録されており、それは意味が必ずしも明瞭ではない語句をふくむ一連の詩節から成っているが、はじめに、「真実なもの（ブラフマンの世界）の口は、黄金の鉢（光輪）で蔽われている。プーシャンよ、それを開け」という句がある。プーシャンは道祖神、とくに死者を天界へと導いて行く神で、太陽神スーリヤの使者である。光に満ちたブラフマンの世界への入口である太陽を蔽っている光線が、プーシャンによって分散させられ、車の轂のような孔があらわれるようにと、死者はここに念じているのである。

死者は太陽に入り、天の彼方の光の世界に到るというこの見解も、太陽光線は心臓部の脈管と連結しているという説と同じように、人間の精髄は彼方の太陽と同一であるという考え方にもとづくものである（『アイタレーヤ・アーラニヤカ』三・二・三）。しかし、光の世界への到達が、死を運命づけられている生からの解脱であることが明瞭に意識されるようになるにつれて、解脱の要件が説かれるようになる。解脱の要件とは知識にほかならない。太陽を光の世界の門とする見解は『チャーンドーギヤ』八・六・五にも見られるが、ここには、知識を具えた者にとっては、太陽は光に満ちたブラフマンの世界への入口であり、知識を持たない者は太陽に阻止されて、光の世界に到ることができないと述べられているのである。

アートマンこそ光

火を生命原理とする思想、ないしは人間の精髄は太陽と同一であるという見解は、このようにして、生命の由来、死後の運命、さらには解脱への道といった諸問題に解答を与える一つのまとまった世界観となっていった。ヤージニャヴァルキヤの哲学は、この思想を基礎にして展開されるのである。

『ブリハッド』四・三―四において、ヤージニャヴァルキヤは、ヴィデーハ王ジャナカの問いに答えて、その哲学思想を詳説しているが、その最初の部分に、個体の本質であるアートマンは、心臓の内部の光（火）であると述べている。

「ヤージニャヴァルキヤ殿、この世の人間は何を光としているのか」「太陽を光としております、大王さま」と彼（ヤージニャヴァルキヤ）は答えた。「太陽をこそ光として、人間は、すわり、歩きまわり、仕事をし、帰って参ります」

「まことにその通りだ、ヤージニャヴァルキヤ殿。太陽が沈んだときには、ヤージニャヴァルキヤ殿、この世の人間は何を光としているのか」「月こそ彼の光であります。月をこそ光として、人間は、すわり、歩きまわり、仕事をし、帰って参ります」

……（中略）……

「……太陽も沈み、月も沈み、火も消え、言葉も絶えたときには、ヤージニャヴァルキヤ殿、この世の人間は何を光としているのか」「アートマンこそ彼の光であります。アートマンをこそ光として、人間は、すわり、歩きまわり、仕事をし、帰って参ります」

「アートマンとはどのようなものか」「認識から成り、諸機能に存する心臓内部の光であるこの神人《プルシャ》であります……」（B 四・三・二―七）

アートマンを身体の内部にある光として表象するのみではなく、ヤージニャヴァルキヤはさらに、白・青・黄等の微物質で満たされた、太陽光線に連なる脈管にも言及し（B

四・三・二〇、四・四・九）、人は光輝となってブラフマンに帰入するとも説いている（B四・四・七、四・四・九）。これらの点に、彼のアートマン論が火を生命原理とする思想にもとづいていることが明らかに示されているのである。

ヤージニャヴァルキヤのアートマン観が素朴な火の表象と結びついているということは、それが「原始的」であることを意味するのではない。神秘思想家たちはしばしば、自らの心の最奥に見出される絶対者を、輝かしい光明として体験している。エックハルトにとってそれは「魂の中の非被造的な光」「閃光《せんこう》」であり、般若《はんにゃ》経典においてそれは「光り輝く心」であった。シャーンディリヤもそれを「光輝をその様相とするもの」としてとらえている。体験された絶対者について反省的に思考し、それを語で表現しようとするとき、思想家が古来の表象をかりるのはきわめて自然なことであろう。そして、体温や消化という生理現象の観察にもとづいて成立した火を生命原理とする思想は、ヤージニャヴァルキヤの体験に結びつくことによって、さらに発展するきっかけを得たのである。

諸機能に存する心臓内部の光

さて、右に引用した一節の中に、光であるアートマンが眼・耳等の諸機能《プラーナ》に存している と述べられているのが注目される。人間の諸機能のうちで、気息《プラーナ》が、それがなければ眼・

耳等は作用しえないという理由から、最も重要なものとみなされ、生命の本質と考えられたことは第三章に詳しく述べた。他の諸機能に対する気息の優位決定の経緯を述べた物語によれば、眼・耳等の諸機能は気息によって生かされているので、その名称にあやかって「プラーナ」とよばれるようになったのである。

たしかに、眼・耳等は気息がある限り機能しうるのであって、気息が途絶えれば機能を停止するが、しかし、ものを見たり聞いたりする機能が気息によって営まれると説明するのは困難である。気息は、視覚・聴覚等とは異なる独自の生理的機能なのであって、自らの範囲をこえて作用はしない。眼が気息によって見るとか、耳が気息によって聞くということはできないであろう。ここに気息を生命原理とする説の限界があった。気息は諸機能の統合者ではなく、他の諸機能と並ぶ一つの機能にすぎないのである。

火＝光を生命の本質とする思想は、この点について、はるかに適切な解釈を展開させることができた。光には対象を照らし出す作用がある。それで、眼が色や形を知覚し、耳が音をききわけるなど、それぞれの器官が対象をとらえるのは、アートマンの光によってであると解釈されたのである。眼・耳等はアートマンの光を分有している。あたかも燃えさかる火から火花が飛散するように、心臓内の光であるアートマンから火（光）の微粒子が飛散して諸器官に至り、その微粒子によって眼等はそれぞれの機能を営んでいるのである。

この解釈によって、アートマンは諸機能を統合するという考え方が確立され、アートマン論の発展の基礎が築かれたと言ってよい。アートマンは「諸機能に存する心臓内部の光」であるとヤージニャヴァルキヤが言うとき、彼はこのような見解の上に立っているのである。

アートマンから飛散した「光輝の微粒子」である諸機能は、人に臨終が近づいたとき、アートマンに摂収され、アートマンと一体になる。そのことをヤージニャヴァルキヤは、ジャナカ王に向かって次のように説明している。

このアートマンが無力状態になり、惑乱に陥ったかのようになったとき、彼のところにこれらの諸機能が集まってきます。彼はこれらの光輝の微粒子を摂収して、まさしく心臓へと降下して行きます。

この眼の中にいる人間《プルシャ》が〔眼を〕離れ去って、〔外界とは〕反対の方向に〔すなわち心臓の方向に〕向くと、人はもはや形を識別しなくなるのです。〔眼の中の人間はアートマンと〕一体となり、「彼は目が見えない」と人々は言います。〔嗅覚・味覚・語・聴覚・思考力・認識力はアートマンと〕一体となり、「彼は香りがわからない」「彼は味を感じない」「彼は話さない」「彼は耳が聞こえない」「彼は考えない」

「彼は触感をもたない」「彼は認識しない」と人々は言います。彼のこの心臓の先端は〔摂収された光輝の微粒子によって〕輝き、その輝きによってこのアートマンは、眼からあるいは頭から、あるいは身体の他の部分から出て行くのであります。

（B　四・四・一―二）

諸機能はアートマンの光を分有しているという考え方との関連において、『チャーンドーギヤ』三・一八も注目に値するであろう。ここには、最高実在ブラフマンが四足を完備するものであることが説かれている。「個体に関して」言えば、語・気息・眼・耳が、「神格に関して」言えば、火・風・太陽・方位が、ブラフマンの四足である。これらが挙げられたのちに、次のように述べられる。

語／気息／眼／耳は実にブラフマンの四足の一つである。それは光輝である火／風／太陽／方位によって、輝き灼熱する。このように知る者は、名声によって、栄誉によって、ブラフマンの光耀《こうよう》によって、輝き灼熱する。

（C　三・一八・三―六）

ここでは、人間の諸機能に対応する火・風・太陽・方位が光輝である。ブラフマンの四足であるこれらの神格は、アートマンの光輝を諸機能が分有するのと同じように、ブラフマンの光輝を分有していると考えられているのであろう。そして諸機能はそれぞれに対応する神格の光輝によって輝いているのである。

2　認識から成るアートマン

諸機能の背後にある認識主体

火＝光を生命原理とする思想は、諸機能の対象知覚能力をアートマンの光に帰させることによって、アートマンが諸機能の統御者であることを確立することができた。光そのものであるアートマンは、ものを照らし出すことを、すなわち認識をその本性とすると考えられる。ヤージニャヴァルキヤに独得の術語で表現すれば、アートマンは「認識から成るもの」である。その認識は、諸機能によるそれぞれの対象の知覚と同一平面にあるものではない。諸機能の背後にあって、視覚的認識・聴覚的認識などのそれぞれを可能にさせている認識主体こそが、「認識から成るアートマン」である。アートマンは「見ることの背後にある見る主体」「聴くことの背後にある聴く主体」であるとヤージニャヴァルキヤは明言しているのである。

アートマンは「認識から成るもの」であるというヤージニャヴァルキヤの説は、思考力《マナス》をアートマンの本質とする説を発展させたものと考えられる。

「思考力」と訳したmanas（マナス）は、思考・認識、その他さまざまな情意作用の拠りどころとなる「こころ」で、それを生命原理とみなす思想が古くからあったことはすでに述べた通りである（一〇三ページ参照）。

ブラーフマナ時代に、思考力は祭式との関連において重要性を増した。当面の主題からややそれるが、その模様をここに瞥見《べっけん》しておこう。

思考力と言葉

思考力は言葉と共に供犠を神々のもとへ運んで行く、と『シャタパタ梵書』に述べられている（一・四・四・一―一二）。ヴェーダ祭式において、勧請官《ホートリ》・歌詠官《ウドガートリ》・行祭官《アドヴァリユ》はそれぞれの言葉を唱え、ブラフマン祭官は思考力によって祭式全般を監督するので、思考力と言葉とが祭式の主要素とみなされたのである。『チャーンドーギヤ』には思考力と言葉とを供犠の二条の軌道とする説が見られる。

この浄《きよ》めるもの（風）、それは、実に、供犠である。それは、進行しながらこの世のすべてを浄める。それは進行しながら（yan）この世のすべてを浄めるから、それはまさしく供犠（yajña）である。思考力《マナス》と言葉とがそれの軌道である。その二条〔の軌道〕のうち一方を、ブラフマン祭官は思考力によってととのえ、勧請官・行祭官・歌詠官は、他方を言葉によって〔ととのえる〕。

朝の勤行《ごんぎょう》がはじめられ、終わりの讃誦以前にブラフマン祭官が沈黙を破るときは、彼は片方の軌道（言葉）のみをととのえているのであり、他方（思考力）は放棄されている。あたかも一本足の人が歩行するとき、あるいは車が一つの車輪で進行するとき、怪我や故障をするように、彼（祭主）の供犠は害《そこな》われる。害われた供犠をとり行なう祭主は、それに応じてさわりをうける。彼は供犠を行なった結果、より悪い者となるのである。

しかし、朝の勤行がはじめられ、終わりの讃誦以前にブラフマン祭官が沈黙を破らなければ、彼ら（祭官たち）は両方の道をととのえているのであって、いずれの一方も放棄されていない。あたかも両足を具えた人が歩き、あるいは車が両輪で進行するとき安定しているように、彼（祭主）の供犠は安定する。安定した供犠をとり行なう祭主は、それに応じて安定する。彼は供犠を行なった結果、より善い者となるのである。

（C　四・一六・一―五）

言葉と思考力とが結合して神々や歳を生み出すと説かれることもある。言葉よりも思考力に優位を与えようとする物語が『シャタパタ梵書』に見出されるが、そこにはブラフマン祭官の権威の増大という事実が反映していると思われる。――言葉と思考力とはそれぞれ自らがより優れていることを主張して譲らず、造物主のところへ行って裁定を乞うた。造物主は思考力の主張を認め、言葉は思考力の後にしたがってその模倣をするのであるから、思考力の方が優れているという決定を下した（『シャタパタ梵書』一・四・五・八―一三）。

思考力から認識へ

さて、アートマンは「思考力から成る」と言明したのはシャーンディリヤであった。ヤージニャヴァルキヤは、彼のアートマン論を継承し、発展させているのである。「思考力から成り、諸機能を身体とし、光輝を様相とし」と、シャーンディリヤは「心臓の内部にあるアートマン」について述べている（一二九―一三〇ページ参照）。諸機能を身体とするというのは、アートマンの光輝が諸機能に存しているということである。ヤージニャヴァルキヤがジャナカ王の問いに答えて、アートマンは「諸機能に存する心臓内部の光」であると説明するとき、アートマンを光として表象する点においても、その所在を心臓内部とする点においても、また、諸機能がアートマンの光を分有していると考える点においても、彼はシャーンディリヤ説を継承しているのである。ただアートマンを「思考力から成る」とは規定せずに、それを「認識《ヴィジニャーナ》から成る」ものとなした点に、ヤージニャヴァルキヤの独自性が認められる。彼はこの「認識」という語を、思考力よりいっそう高次の精神作用を表わすのに用いたのである。

先述のように、思考力を生命原理とする思想は古くからあったが、他方には、それを視覚等と並ぶ一つの機能とみなし、他の機能にまさる特別な位置をそれに与えない思想も、ブラーフマナ時代には形成されていた。たとえば、気息《プラーナ》を生命原理とする思想の最も発展した形態を示す「摂収者《サムヴァルガ》」説（一一一ページ参照）においては、「神格に関して」は風が火・太陽・水（方位）・月の摂収者であり、「個体に関して」は気息が語（発語機能）・眼・耳・思考力の摂収者であると説かれている。思考力は語等と並ぶ一、つの機能なのである。すべての機能に対象を知覚する光を与えているアートマンを「思考力から成る」と定義するのは適切ではないと考えたヤージニャヴァルキヤは、思考力にかえて「認識《ヴィジニャーナ》」という語を選んだのであった。『タイティリーヤ』第二章に見られる五重のアートマンの教説（九三―九五ページ参照）において、「思考力から成るアートマン」の内部に「認識から成るアートマン」があるとされているのは、ヤージニャヴァルキヤ説の形成の過程を示しているのである。

アートマンを「認識から成るもの」と規定することによって、ヤージニャヴァルキヤは、物理的な火（光）の表象を残しながらも、アートマンの精神性を深め、それが純粋精神としてとらえられるべきことを明示したのである。

内制者

純粋精神としてのアートマンは、視覚・聴覚等の機能によって対象を知覚し、思考し、認識する。諸機能はそれぞれ活動領域が限られている。眼は色や形を知覚するが、音を認識はしない。気息は呼吸作用を営むが、語を話したり、思考したりはしない。アートマンは、眼が機能する場合にも、思考力が機能する場合にも、その背後にあって、それぞれの機能を成り立たせている当体なのである。

このアートマンが「内制者《アンタルヤーミン》」とよばれるものである。ジャナカ王の宮廷における討論の際にウッダーラカ・アールニは、ヤージニャヴァルキヤを論破するために、「内制者」について彼に質問した。それをウッダーラカ自身は、マドラ国のパタンチャラ・カーピヤのもとで祭祀の学習をしていたとき、カーピヤの妻に取り憑《つ》いたガンダルヴァから教えられたのであった。ところがヤージニャヴァルキヤは「内制者」に通暁していて、深い知識を披瀝してウッダーラカを沈黙させてしまった。

気息の中にあって、気息とは異なるもの、気息はそれを知らず、それの身体が気息であるもの、気息をその内部にあって制御しているもの、それがあなたのアートマン、不死の内制者である。

語（発語機能）の中にあって、語とは異なるもの、語はそれを知らず、それの身体が語であるもの、語をその内部にあって制御しているもの、それがあなたのアートマン、不死の内制者である。（B 三・七・一六―一七）

以下、眼・耳・思考力・皮膚・認識力・精液に関して同一の表現が繰り返される（B 三・七・一八―二三）。「内制者」とは個体の諸機能の内部にあって、諸機能を内部から制御しているものと解せられるが、それにつきるのではない。ヤージニャヴァルキヤは「個体に関して」右のように述べるに先立って、「神格に関して」また「被造物に関して」同じことを述べているのである。

地の中にあって、地とは異なるもの、地はそれを知らず、それの身体が地であるも

の、地をその内部にあって制御しているもの、それがあなたのアートマン、不死の内制者である。（B 三・七・三）

水・火・空間・風・天・太陽・方位・月と星・虚空・闇・光に関して同一の表現が繰り返されたのち、次のように述べられる。

以上は神格に関してである。次には被造物に関して。

万物の中にあって、万物とは異なるもの、万物はそれを知らず、それの身体が万物であるもの、万物をその内部にあって制御しているもの、それがあなたのアートマン、不死の内制者である。（B 三・七・一四—一五）

アートマンは個体の諸機能を内部から制御しているのみではなく、神格として表象される自然界の諸要素、さらにはすべての被造物をも内部から制御するものと考えられているのである。換言すれば、アートマンは、個体に内在してその内的本質をなすとともに、個体を超えて万物に浸透している普遍者なのである。個体の本質であるアートマンは宇宙的な最高実在ブラフマンそのものであるという深い確信の上に、このヤージニャヴァルキヤの内制者論は成り立っているといってよいであろう。アートマンは諸機能を通してすべてのものを認識するが、アートマン自体は決して対象化されない。内制者論をヤージニャヴァルキヤは次のように結ぶ。

それは目に見えない視覚の主体、耳に聞こえない聴覚の主体、認識されない認識の主体である。それ以外に見る者はない。それ以外に聞く者はない。それ以外に思考する者はない。それ以外に認識する者はない。それがあなたのアートマン、不死の内制者である。これ以外のものは惨めである。（B 三・七・二三）

このような主体としてのアートマンは、内観の道をたどることによって、自らの内面に直観されるべきものである。内観の道を歩む者は、その究極において、自己を対象化しようとする自己を突破しなければならない。そのことは、自己の最内奥に絶対者が顕われ出ていることを直観するとき、すなわち絶対者との合一を体験するときに可能となる。この合一の体験において、自己自身を見るものと見られるものとに分かつ立場は完全に超克され、客体化されない主体としての自己＝絶対者が自覚される。それが個体の本質であるとともに、万物の内部にある不死の内制者としてのアートマンなのである。

否定の道

合一体験によって自覚された、客体化されないアートマンを、語によって規定することは不可能である。多くの神秘思想家たちと同様にヤージニャヴァルキヤも、否定の道のみがそれを表わす方法であると考えた。才女ガールギーとの対話において、彼は「目に見えない視覚の主体」であるアートマンを次のように叙述している。

それは、実に、ガールギーよ、婆羅門たちが不滅のもの《アクシャラ》とよぶものである。それは粗大でもなく、微小でもなく、短くもなく、長くもなく、……味もなく、香りもなく、視覚もなく、聴覚もなく、語もなく、思考力もなく、熱を持たず、気息を持たず、口もなく、無限で、内もなく、外もない。それは何ものをも食べることなく、まただれもそれを食べはしない。（B 三・八・八）

このように否定を重ねることによってのみ叙述されるアートマンを、ヤージニャヴァルキヤは簡潔に「『非ず、非ず』というアートマン」と言い表わしている。個体の機能や自然界の要素等を最高実在と同置する祭式——ウパニシャッド的な方法で、彼は否定をアートマンと同置しているのである。

この「非ず、非ず」という〔標示句によって意味される〕アートマンは不可捉である。それは把捉されないから。不壊である。それは破壊されないから。無執着である。それは執着しないから。それは繋がれていないが動揺もせず、毀損《きそん》されもしない。

（B 三・九・二六、四・二・四、四・四・二二、四・五・一五）

すでに述べたように、アートマンは個体の本質であるとともに、個体をこえた普遍者であり、宇宙の最高実在と一体のものである。人が自己の内面にアートマンを直観するとき、彼は個体の限界をこえて最高実在と一体である自己を自覚するのである。ヤージニャヴァルキヤのアートマン論の基礎となった、火を生命原理とする思想によれば、個体に内在する生命としての火は彼方の世界に輝く光（火）に由来するものであった。その表象が後退して、アートマンが「認識から成るもの」と性格づけられ、純粋精神としてとらえられるようになるにつれて、天の彼方に輝く光は宇宙の最高実在ブラフマンに位置をゆずり、アートマンはブラフマンと同置される。

このアートマンは、まさに、ブラフマンであります。それは認識から成り、……

（B 四・四・五）

まことに、この偉大な、不生のアートマンは、不老、不滅、不死、安泰であり、ブラフマンであります。

（B 四・四・二五）

アートマンの直観への階梯

次章に考察するように、ヤージニャヴァルキヤは熟睡を絶対者との合一の境地となし、夢の状態から熟睡状態への体験の深まりを説明しているが、内観の道の階梯《かいてい》をそれ以上に詳説はしていない。原始仏典には、禅定《ぜんじょう》の準備段階から、禅定の漸進的な深まりを経て解脱の明知に達するまでの過程が記され、さらに後には、ヨーガの体系において、三昧《さんまい》への階梯や三昧の諸段階が説かれるが、それに類する分析を初期ウパニシャッドに求めることはできない。ただヤージニャヴァルキヤが妻マイトレーイーとの対話において語った次の言葉が、内面への道の階梯を示すものと解釈されている。

ああ、実に、アートマンこそ、見られるべきもの、聞かれるべきもの、思考されるべきもの、瞑想されるべきものである、マイトレーイーよ。ああ、まことに、アートマンが見られ、聞かれ、思考され、認識されたとき、この世のすべては知られるのである。

（B 二・四・五、四・五・六）

アートマンは知覚や思考の対象にならないことは、ヤージニャヴァルキヤ自身が説いている。八世紀のヴェーダーンタ学匠シャンカラの注釈によれば、アートマンは直観されるべきであるが、その直観に至るためには、まずアートマンについて師匠や聖典の教示するところを聞き、次に思弁《タルカ》によって考察し、さらにそれを瞑想すべきである、ということがここに説かれているのである。聴聞、思惟、および瞑想を、三種の段階的な方法として、アートマンの直観は達成される。瞑想とは、この場合、アートマンを思念し続けることであるが、すでに述べた通り、その瞑想の極限において、人はアートマンを客体化して思念する自己を脱却し、最高実在と一体である本来の自己としてのアートマンを自覚するのである。

こうして自覚されたアートマンは、個体の内的本質であると同時に、万物をその内部にあって制御している内制者、そして最高実在ブラフマンである。個体は生滅をまぬがれないが、アートマンは個体と共に生滅するものではなく、不老、不死であり、功徳《くどく》によって増大することも、罪過によって減少することもない。ヤージニャヴァルキヤはこのアートマンを次のような語によって高く称揚する。——

まことに、この偉大な、不生のアートマンは、……一切の統御者、一切の主宰者、一切の君主であります。それは善行によって増大することもなく、悪行によって減少することもまったくありません。それは一切の主であり、それは万物の君主であり、それは万物の守護者であります。……

（B　四・四・二二）

第六章　輪廻と解脱——ヤージニャヴァルキヤの思想(2)

1　輪廻説とアートマン論

輪廻思想の成立

人が瀕死《ひんし》の状態に陥ったとき、アートマンはその人の諸機能の光を摂収して、身体から外に出て行く、とヤージニャヴァルキヤが説いていることはすでに述べた。身体から離脱したアートマンは、新たな母胎に宿り、別の身体をとる。こうしてアートマンは輪廻転《りんねてん》生《しょう》するのである。

あたかも青虫が草の葉の先端に達したとき、〔他の葉へと〕さらに一歩を踏み出して、身体を〔そちらに〕引きつけるように、このアートマンも、この世の身体を捨てて無知にしたのち、〔別の身体へと〕さらに一歩を踏み出して、身を〔そちらへ〕引きつけるのです。
たとえば刺繡《ししゅう》をする女が、刺繡の一部分をほぐして、別の、いっそう新しく、いっそうすばらしい模様を縫いとるのとまさに同じように、このアートマンも、この世の身体を捨てて無知にしたのち、別の、いっそう新しく、いっそうすばらしい形——祖霊の、あるいはガンダルヴァの、あるいは神の、あるいは造物主の、あるいはブラフマン〔の世界の住人〕の、あるいは他の生物の——をとるのです。

（B 四・四・三—四）

輪廻思想の起源については明確なことが言えないが、それがはっきりと説かれるのは、初期ウパニシャッドの時代からである。ウッダーラカがプラヴァーハナ・ジャイヴァリ王から教えられた、いわゆる「二道・五火説」が、輪廻思想をまとまったかたちで述べた最古のものといわれている。
ウッダーラカの息子シュヴェータケートゥは、パンチャーラ族の集会において、プラヴァーハナ・ジャイヴァリ王から次の点について質問された。——「被造物はこの世からどこへ行くのか」「彼らはどのようにして再びこの世へもどってくるのか」「神道と祖道の二道が別々に展開しているのを知っているか」「あの世が死者で一杯にならないのはなぜか」「第五の献供の際、祭火に献ぜられた水が人間の言葉を話すようになるのはどうしてか」。シュヴェータケートゥはどの一つにも答えることができず、「これらのことを知らない者が、どうしてすでに父から教えを授けられたなどといえるか」と皮肉られて、悄然《しょうぜん》として帰宅し、父にそのことを報告した。ウッダーラカは、自分もそれらの点について何も知らないと告白し、早速プラヴァーハナ王のもとに赴いて教えを乞うた。王は彼に、「この知識はあなた以前には、かつて婆羅門に伝わったことがありません。したがって、全世界で王族だけの教えであったのです」と述べたうえで、「二道・五火説」を教示するのである。

それは死者の霊が天界に赴いたのち、この世に再生する五段階の過程を、火神への五種の献供になぞらえる五火説の部分と、この世の生を終えて火葬に付された者の霊がたどる道を示す二道説の部分とから成り、いずれもその古形は『ジャイミニーヤ梵書』に見られ、両者が接続されて、まとまった輪廻の教説となったものが、『チャーンドーギヤ』第五章、『ブリハッド』第六章に収録されている。

五火説

五火説の基礎には水を生命の根源とする思想があることは、フラウワルナーが洞察した通りである。雨季の到来は夏に枯死《こし》していた草木に生命を与え、生命を維持する穀物は降雨によって実る。水はまた精液として母胎に入り、新しい生命に結実する。水を生命原理とする思想は、こういう事象の観察から生まれたと思われる。

別に記す機会をもったので、ここには簡潔に述べることとしたい。人が死ぬとその生命である水は、火葬の煙となって天界に上昇し、(1)月に到る。月は水をたたえる容器で、それが満たされると、水は(2)雨となって地上に降る。水をたたえた満月はこうして欠けはじめるのである。地上に降った水は、草木に養分として吸収され、実って(3)食物となる。食物は食べられて(4)精子となり、母胎に入って(5)胎児となる。胎児は生まれ出てこの世に生存し、寿命が尽きると、火葬の煙となって天界へ赴くのである。

水＝生命は、この五段階を経て幾たびもこの世に再生するが、こうして生命が循環する過程を、祭儀神秘主義的に着色して説いたのが五火説である。

かなたの世界は、まことに、ガウタマ（ウッダーラカの家系名）よ、祭火である。その薪《まき》は太陽にほかならない。光線が煙、昼が炎、月が燠《おき》、星辰がその火花である。この祭火の中に神々は、信仰（祭祀の効果を信頼する心）を供物として注ぎこむ。この献供からソーマ王（月）が生ずる。

（C　五・四・一―二）

この最初の献供によって生じたソーマ王を供物として、次には雨神を祭火とする献供が行なわれ、それによって生じた雨を供物として第三の献供が行なわれる。このようにして、順次に生じたものを供物として祭火の中に投ずるとき、第五の献供によって水＝生命は胎児となるのである。表示すれば次のようになる。

（祭火）	（薪）	（煙）	（炎）	（燠）	（火花）	（供物）	
かなたの世界	太陽	光線	昼	月	星辰	信仰	→ソーマ王
雨神	風	雲	稲妻	雷霆	雹	ソーマ王	→雨
大地	歳	虚空	夜	四方	四維	雨	→食物
男	言葉	気息	舌	眼	耳	食物	→精子
女	性器	誘うこと	陰門	挿入	快感	精子	→胎児

（C 五・四―八）

この胎児は胞衣《えな》に包まれて、十ヵ月か九ヵ月かそれくらいのあいだ〔母胎の〕中に宿ったのち、生まれ出てくる。

彼は生まれると寿命のあるかぎり生存する。〔寿命を〕定められている彼が死ぬと、人々は彼を、この世からまさしく火へと運んで行く。もともとそれ（火＝祭火）か

ら彼は〔この世へ〕来た――それから生まれたのであるが。（C　五・九・一―二）

二道説

二道説はこの五火説に続いて次のように述べられる。

さて、〔五火の教えを〕このように知る人々、また、人里離れたところで〔苦行を修めつつ〕、信仰は苦行であると念想する人々は、〔火葬に付されると〕炎におもむく。炎から昼に、昼から月が満ちる半月に、月が満ちる半月から〔太陽が〕北行する六ヵ月に、〔その六ヵ〕月から歳《とし》に、歳から太陽に、太陽から月に、月から稲妻におもむく。そこにマヌ（人類の始祖）の子孫ではない〔不死の〕神人《プルシャ》がいて、彼がその人々をブラフマンへと連れて行く。この道が「神道」である。

他方、村落において、祭祀・徳行とは布施《ふせ》であると念想する人々は、〔火葬に付されると〕煙におもむき、煙から夜に、夜からのちの半月（月の欠ける半月）に、のちの半月から〔太陽が〕南行する六ヵ月におもむく。彼らは歳には到達しない。〔その六ヵ〕月から祖霊の世界に、祖霊の世界から虚空《こくう》に、虚空から月におもむく。……（C　五・一〇・一―四）

祖霊の世界を経て月に至るこの道が「祖道」と称せられる。この道を通って月に到達した死者の霊は、五火説の場合と同じように、再びこの世にもどって来るのである。

そこ（月）に〔祭祀・徳行の〕果報があるあいだとどまったのち、彼らは来たときと同じ道を再び虚空へともどり、虚空から風におもむく。彼らは風となり、そして煙となる。煙となったのち霧となり、霧となったのち雲となり、雲となったのち雨となって降る。彼らは米・麦・草・木・胡麻・豆としてこの世に生まれる。ここからは、まことに、脱却するのがむずかしい。なぜならば、だれかが食物〔として彼ら〕を食べ、精子を射出するときに、それ（精子）となることがようやくにしてあるからである。（C 五・一〇・五―六）

神道によってブラフマンに到達し、この世から完全に離脱するためには、五火への献供の意義を知ること、また、祭式の効果を信じて祭官に布施するよりも、人里離れたところにおいて苦行に専心することが必要とされる。祭式の実行よりも知識を重んじ、家長としての義務の遂行よりもブラフマンへの専念を解脱の要件とする傾向が、ここにはっきりと認められる。この要件を満たさなければ、祭祀の実行、祭官への布施を怠らず、徳行を積んでも、祖道をたどっていったんは天界の月に至るが、そこで果報が尽きたのち、再び地上に生まれることになるのである。

再び生まれるとき、その者は以前と同じ境遇に生まれるわけではない。婆羅門や王族の家系に生まれる者もあり、庶民や隷民として生まれる者もある。どのような境遇に生まれるかを決定する要因が『チャーンドーギヤ』に次のように説かれている。

さて、この世においてその素行の好ましい人々は好ましい母胎に、すなわち、婆羅門の母胎か、王族の母胎か、庶民の母胎にはいると期待される。しかし、この世においてその素行の汚らわしい人々は、汚らわしい母胎に、すなわち、犬の母胎か、豚の母胎か、賤民《チャンダーラ》の母胎にはいると予測されるのである。（C 五・一〇・七）

二道説は右に引いた『チャーンドーギヤ』とはやや異なったかたちで、『カウシータキ』第一章にも説かれている。ウッダーラカにこの説を教えたのは、そこではプラヴァーハナ・ジャイヴァリ王ではなく、チトラ・ガーンギャーヤニ王となっている。父ウッダーラカ・アールニに代わって、司祭の役をはたすためにチトラ王のもとに赴いたシュヴェータケートゥに向かって、王は、「世界には、囲われた場所があって、そこへあなたは予を連れて行こうとするのか、あるいは、そこにも何らかの〔出て行く〕道があるのか。余地のないところへ〔予を〕連れて行こうとはしないでほしい」と言う。理解しにくい表現であるが、『チャーンドーギヤ』第五章の場合と同様に、王は死後の運命について尋ねているのである。人はみな死んだのちに、家畜が柵で囲われた土地に入れられているように、世界のどこかにある囲われた場所に入れられるとすれば、そこは死者で一杯になり、余地がなくなってしまうのではないか。その場所から出るにはどのような道があるのか。その点について知っているか否かを王は問うたのであるが、シュヴェータケートゥはこの王の問いに答えることができず、家へ帰って父ウッダーラカに尋ねた。ウッダーラカは自分も王の問いには答えるすべを知らないと述べて、自らチトラ王のもとへ教示を受けに赴く。王は彼に向かって、次のように説明した。

この世から去る者はすべて、まさしく月に赴く。月は彼らの生気によって、一月の前半には増大し、一月の後半の間に彼らを〔再び〕生まれさせる。実に月は天国の門である。〔月は〕自分〔の問い〕に答える者を通過させ、答えない者をこの世に雨として降らせる。——その者はこの世で、虫・蛾《が》・魚・鳥・獅子《しし》・野猪《やちょ》・犀《さい》・豹《ひょう》、もしくは人間、または他のものとして、業に応じ、知識に応じて、さまざまの状態に再生

する。（K 一・二）

月を通過した者はブラフマンの世界に至る。『カウシータキ』はブラフマンの世界の状景を詳しく述べているが、ここで注意を留めておきたいのは、その状景ではなく、この世に再生する者が「業に応じ、知識に応じ」た境遇をうけると言われていることである。再び生まれるときの境遇を決定するのは、この世における素行の善悪であるということは、『チャーンドーギヤ』にも説かれていたが、ここには、天界まで赴いた死者の霊が、この世でなした行為の余力である業や、生前に獲得した知識を伴っているという考え方が、はっきりと示されているのである。

輪廻の鎖を断つ

この輪廻説が水を生命原理とする思想の上に成り立っていることはすでに述べた。しかし、業や知識を水に帰属させるのは不適切である。ヤージニャヴァルキヤは、アートマンを業や知識をになう主体とすることによって、輪廻説の基礎を確立した。アートマンは認識の主体であるばかりではなく、その行為の余力を来世まで担って行く者として、すなわち、来世の境遇に自ら責任を持つ行為主体としてとらえられているのである。

人に臨終がおとずれると、アートマンは諸機能の光を摂収して、心臓へと降下して行く。そして、アートマンは身体から外へ出て行くのであるが（一七二ページ参照）、ヤージニャヴァルキヤはその叙述に続けて、次のように述べている。

……このアートマンは、眼から、あるいは頭から、あるいは身体の他の部分から出て行くのであります。それが上へ出て行くとき、気息はそのあとにしたがって上に出て行きます。上に出て行く気息のあとに続いて、すべての機能も上へ出て行きます。……〔人がこの世で習得した〕知識と〔なした〕行為〔の余力〕、ならびに記憶は、それ（アートマン）に背後からつかまっているのです。

（B 四・四・二）

輪廻の鎖は、人が自らの内面にアートマンを見出したときに断たれる。アートマンの認識をさまたげているのは、子孫や財産などを得たいという願望、さまざまな現世的なものに対する欲望にほかならない。人は欲望にしたがって物事を意図し、意図のままにそれを行ない、そして行ないに応じた果報をうけつつ、一つの生から次の生へと輪廻を続けているのである。ジャナカ王に向かってアートマン論を詳説するヤージニャヴァルキヤは、古い詩節を引用する。

彼の心を拠りどころとする　すべての欲望が放棄されるとき
死すべき者は不死となり　この世でブラフマンに到達する　（B　四・四・七）

そして、「偉大な、不生のアートマン」についてほぼ説き終えたところで、彼は次のように述べている。

婆羅門たちは、ヴェーダの学習により、祭祀により、布施により、苦行により、断食によってそれ（アートマン）を知ろうと望みます。それさえ知れば、人は聖者《ムニ》となるのです。遊行者《ゆぎょう》たちは、まさしくこれを〔天上の〕世界として求めつつ、遊行するのです。まことに、こういうわけで、昔の知者たちは、「われわれにはこのアートマンがあるのに、この〔天上の〕世界があるのに、子孫を持って何になろう」と考えて子孫を望みませんでした。彼らは息子を得たいという願望、財産を得たいという願望、世界を得たいという願望から離脱して、乞食《こつじき》の遊行生活をしたのです。実に息子を得たいという願望は、財産を得たいという願望と同じであり、財産を得たいという願望は、そのまま世界を得たいという願望なのです。これらはいずれも願望であることに変わりがありませんから。　（B　四・四・二二）

欲望を余すところなく捨て去り、アートマンに専念する者は、自と他との二元性を離れ、ブラフマンと一体のものとしてのアートマンを自らの内面に直観する。そのとき彼は身体を蟬脱《せんだつ》してブラフマンそのものとなるのである。

あたかも蛇《へび》のぬけがらが、蟻塚《ありづか》の上に遺棄されて生命なく横たわっているように、この身体も同様に〔生命なく〕横たわっています。そして身体を持たない不死の生気《プラーナ》(アートマン)は、まさしくブラフマンであり、光輝そのものなのです。(B 四・四・七)

とヤージニャヴァルキヤは語っている。気息をはじめとする諸機能は、この際にはアートマンのあとに続いて身体の外に出ては行かない(B 四・四・六)。アートマンは独存し、諸機能が構成する微細な身体がアートマンを次の生へと運んで行くことはないのである。

2 睡眠の考察

「有」への帰入

ヤージニャヴァルキヤのアートマン論において、睡眠の考察は重要な意味を持っている。

人が熟睡しているとき、彼のアートマンは一時的に身体から離脱して、ブラフマンと合一する、と彼は説いている。熟睡において経験される安息と快感は、ブラフマンと一体であることによる充足感、歓喜にほかならないのである。

睡眠の現象をめぐる思索は、古ウパニシャッドのあちこちに展開されている。死後の状態については誰も直接に経験することはできないが、睡眠は日々に経験される事実であって、人々はこの現象に生命とは何かを考察する手がかりを見出したのであった。人が眠っているあいだ、眼や耳などはその活動を停止し、身体は死んだように横たわっているが、眼をさますと身体は生き返り、諸機能は活動を再開する。したがって、人間の中には、停止した諸機能を再び起動させ、身体を死の状態から蘇生させるような要素があると考えられる。こういう思索にもとづいて気息《プラーナ》が生命原理とされたことはすでに述べた通りである。死神《ムリトユ》が疲労というかたちをとって諸機能を捕え、監禁したが、気息だけは捕えなかったという物語（B 一・五・二一）や、パウトラーヤナ王がライクヴァから学んだ摂収者《サムヴァルガ》の説、すなわち「人が眠るとき、語・眼・耳・思考力は気息に摂収される」という説（一一一ページ参照）などに、睡眠現象の観察にもとづく思索が示されている。

ウッダーラカは睡眠が最高実在「有」との冥合であることを、擬似的語源論によって説明している。

睡眠の状態について、愛児よ、わしから学び知るがよい。そもそも人が眠っているといわれる場合、愛児よ、彼は有と一体になったのである。彼は〔本来の〕自己《スヴァ》に到達《アピータ》したのである。それ故に彼について、「スヴァピティ」（眠っている）と人はいうのである。彼は自己に到達したからである。（C 六・八・一）

彼はさらにこの趣旨を、熱・水・食物の三要素の学説に関連させて説いている。思考力は食べられた食物の微細な成分から成り、気息は飲まれた水の精髄から成る。元初の有から順次に生じた熱・水・食物は、逆の順序で究極的には有に帰入するが、人が睡眠におちいるとき、食物から成る彼の思考力は、水から成る気息に帰入するのである（一五七ページ参照）。

心臓内部の空間

睡眠をめぐる思索はヤージニャヴァルキヤによっていっそう深められた。前章において彼のアートマン論を考察した際に、それが火を生命原理とする思想を基礎にして発展したものであることを述べた。『ブリハッド』第四章に伝えられる彼の教説は、心嚢《しんのう》にある脈管を経て太陽へという火＝生命の循環の径路など、素朴な表象を残している部分と、アートマンを純粋精神、客体的に規定しえない主体としてとらえる高度に哲学的な部分とがある。彼の睡眠現象の解釈にも、古い表象にもとづいているものと、哲学的に発展したアートマン論と結びついているものとが認められるのである。

人はこの世から解放されるときどこに赴くのかという点について、ジャナカ王から教示を求められたヤージニャヴァルキヤは、次のように語りはじめる。

右の眼の中にいるこの人間は、実に、インダ（火を点ずる者）という名であります。……

左の眼にあるこの人間の形、これは彼の妻ヴィラージ（あまねく照らす者）であります。心臓の内部にあるこの空間は、ふたりが睦言《むつごと》をかわす場所、また、心臓の内部にあるこの血塊《けつかい》はふたりの食物、心臓の内部にあるこの網状のものはふたりの寝具です。そしてふたりが相携えて歩く道が、心臓から上部にのぼっているこの脈管であります。

彼のために一本の髪の先が千分されたような〔きわめて細い〕、ヒターと名づけられる多数の脈管が心臓内にあり、それらを通して、この流動物（栄養）は流れて行きます。したがって彼は、この肉身の人間《アートマン》よりも、いっそう精選された食物を摂って

いるかのようです。……　（B 四・二・二―三）

ここに語られているのは明らかに睡眠の現象である。そしてこの睡眠現象の説明は、ヤージニャヴァルキヤ独自のものではなく、『シャタパタ梵書』にも見られる（一〇・五・二・九―一二）。人が眠りにおちいるとき、臨終が迫ったときと同じように、その人の諸機能に存する光の微粒子すなわちアートマンの分身は、心臓のところにあるアートマンに摂収される。そのことが、眼の中の人間であるインドラとその妻の表象によって語られているのである。彼らは眼を離れて心臓に赴き、心臓の内部にある空間で、睦言をかわしたり、徘徊《はいかい》したりする。諸機能によってこの世の事象に接していた人間は、睡眠の状態にある間、この世から解放されて、心臓の内部の空間に赴いている、という考え方をヤージニャヴァルキヤはここに示しているのである。

心臓の内部に、大宇宙の虚空に対応する空間があることは、古ウパニシャッドにしばしば説かれている。

ブラフマンといわれるもの――それは、実に、人間の外にあるこの虚空である。人間の外にある虚空――それは、実に、この人間の内部の空間である。人間の内部の空

間――それは、実に、この、心臓の内部にある空間である。（C 三・一二・七～九）

この心臓の内部にある空間は、この虚空と同じだけのひろがりがある。その内部に、天と地との両者は収めこまれている。火と風の両者も、太陽と月の両者も、稲妻や星宿も、この世において人が所有するものも所有しないものも、そのすべてがそこに収めこまれているのである。（C 八・一・三）

人が眠っている間、その人のアートマンはこの空間にやすらっているという説を、『ブリハッド』第二章においては、カーシー王アジャータシャトルが婆羅門バーラーキに教えている。王はひとりの眠っている男をゆり動かして眼をさまさせ、バーラーキに、「この男が眠っていたとき、認識から成る神人《プルシャ》はどこへ行っていたのか。彼はどこからこうして帰って来たのか」と尋ねたが、バーラーキは答えることができなかった。そこで王は次のように説明する。

彼がこうして眠っていたときには、認識から成る神人は、〔自らの本質である〕認識によって、これら諸機能の〔分有している〕認識力を摂収し、この心臓の内部にある空間においてやすらっていたのだ。彼がそれら〔の諸機能〕を捉《とら》えるとき、神人は眠っていると言われる。そのとき、気息（嗅覚機能《きゅうかく》）は捉えられ、語は捉えられ、眼は捉えられ、耳は捉えられ、思考力は捉えられているのである。（B 二・一・一七）

アジャータシャトル王が語っているが、これがヤージニャヴァルキヤの説であることは、「認識から成る」神人《プルシャ》という語によってわかる。

夢と熟睡

王はさらに夢の状態と熟睡の状態について述べている。

彼が夢の中で歩きまわるとき、彼にとって諸世界がある。彼はあたかも大王であるかのように、偉大な婆羅門であるかのようになり、上方に、下方に赴くかのようである。あたかも大王が臣下の者たちを統率して、自分の領地を思うままに巡遊するように、それと同じように、彼はここで諸機能を統率して、自らの身体の中を思うままに巡遊するのである。

さて、彼が熟睡して、何ひとつ識知しないとき、ヒターと称する七万二千の脈管が心臓から心嚢《プリータト》に延びひろがっているが、彼はそれら〔の脈管〕を通って、プリータトにおいて休息する。あたかも若者、あるいは大王、あるいは偉大な婆羅門が、歓喜の頂点に達した後に休息するように、それとまったく同じように彼もここで休息するのである。

（B 二・一・一八―一九）

睡眠のときに人は心臓内部の空間に行くという考えは、『チャーンドーギヤ』第八章にも見られる。この章は心臓（ブラフマンの城塞〔である身体〕の内にある小さな白蓮華の家）の内部の空間にあるアートマンの探究を主題としている。アートマンは、真実な欲望をもち、真実な意図をもつ者、すなわち、その意図や欲望はそのまま実現される者である。アートマンを見出した者にとっては、父母や身内の者たちにせよ、食物・飲料や歌舞音曲にせよ、何でも欲するものが思っただけでたちまち眼前に現われる。しかしアートマンを見出していない者にとっては、真実な欲望は虚偽に覆われているので、たとえば死去した身内の者を彼は見ることができないのである。

……たとえば、埋蔵されている黄金の宝を、場所を知らない者たちは、その上を何度も歩きながら、見出さないように、それと同じように、これらすべての人々は、毎日毎日〔それが在る所へ〕行きながら、ブラフマンの世界（アートマン）を見出さな

い。なぜならば彼らは虚偽によって遠ざけられるからである。〔C 八・三・二〕

人々が毎日毎日赴くという表現によって、毎日睡眠をとるときに、人々はアートマンが存在する心臓の内部の空間に行くという考え方がここに示されているのである。

この章における熟睡状態の説明も、アジャータシャトル王が語るところとほぼ同じである。心臓部分の脈管への言及はここにも見られ、それが太陽光線と連なっていることが記述され、そして熟睡状態が次のように説明されている。

人々がこうして眠って、完全に平静になり、夢をみないとき、そのとき彼はこれらの脈管に入りこむのである。どのような罪も彼に触れない。なぜならば、そのとき彼は、〔太陽の〕光輝を具えているからである。〔C 八・六・三〕

ヤージニャヴァルキヤがジャナカ王に、眼の中の人間の表象によって語ったのは、これらの資料との関連から、火を生命原理とする思想を根底に置いた睡眠現象の説明であると理解されよう。人が眠りにつくと、彼の諸機能は心臓のところにあるアートマンと一体になり、心臓の内部にある空間においてやすらう。その空間には、この世にあるもののすべてが存在していて、諸機能を摂収したアートマンは、そこで現実の世界に在るときと似た経験をする。それが夢の世界である。しかし、眠りが深まると、アートマンは太陽光線に連なる心嚢の脈管に入りこみ、人はもはや夢をみることもなく、完全な平静に達するのである。――彼の見解はこのようにまとめられるであろう。

ブラフマンとの合一

この睡眠現象の解釈に見られる眼の中の人間、心臓内部の空間、太陽光線と連結している脈管などの表象は、ヤージニャヴァルキヤのアートマン論が哲学的に深められるにつれて捨て去られる。熟睡のときに、アートマンは心嚢の脈管の中に入るのではなく、一時的に身体を脱してブラフマンと一体になる、という見解がとられるようになり、夢の解釈にもまた変化が生じてくる。

『ブリハッド』四・三―四において、ヤージニャヴァルキヤは、ジャナカ王に向かって、アートマン論を詳述しているが、そこには次のように述べられている。

まさしくこの神人（アートマン）には、実際には二つの状態があります。〔目ざめて〕この世に在ることと、〔熟睡して〕かなたの世界に在る状態とであります。夢の状態は〔両者の〕つなぎ目になる第三のものであります。そのつなぎ目の状態にあるとき、彼はこの世に在ることと、かなたの世界に在る状態という、この二つの状態を見るのです。

さて、これ（夢の状態）は、かなたの世界に在る状態への進行でありますが、その足どりを進めながら、彼は〔この世の〕罪と、〔かなたの世界の〕歓喜との両者を見るのです。

彼は眠っているとき、万物を包蔵するこの世界から物質素材をとり、自ら破壊し、自ら創造し、自らの光輝により、自らの光明によって夢をみるのです。この場合、神人は自らを光明とするのであります。

そこ（夢の世界）には車もなく、車につなぐ馬もなく、道もありません。それで彼は、車や車につなぐ馬や道を自分のためにつくり出します。そこには歓喜も、快楽も、歓楽もありません。それで彼は、歓喜や快楽や歓楽を自分のためにつくり出します。そこには貯水池も、蓮池も、河川もありません。そこで彼は、貯水池や蓮池や河川を自分のためにつくり出します。なぜならば、彼は創造者でありますから。

（B　四・三・九―一〇）

ここでは明らかに、個体のアートマンは熟睡のときにかなたの世界に到ると考えられている。そして、この世界とかなたの世界とのつなぎ目において、アートマンは自らの光によって夢の世界を創造する。それは現実の世界にあるものすべてが存在している心臓内部の空間ではない。アートマンは目ざめているときと同じものをそこで見出すのではなく、この世から運んで行った物質素材によって、自らすべてのものをつくり出すのである。眠りが浅いうちは、アートマンはこの夢の状態と目ざめた状態との間を往復する。

あたかも大きな魚が〔河の〕こちら側へ、向こう側へと、両岸へ交互に泳ぎ渡るように、この神人も、夢の状態へ、覚醒の状態へと、この二つの状態へ交互に往来するのです。

（B 四・三・一八）

しかし、眠りが深まると、アートマンはかなたの世界に到って、そこでやすらう。

あたかも鷹《たか》か鷲《わし》が、この大空を飛翔したのち、疲れて双翼をおさめ、休息するように、この神人も、眠ったままいかなる欲望も持たず、どんな夢も見ないような状態〔熟睡状態〕へと急いで行きます。

（B 四・三・一九）

熟睡によって到達される世界は、ブラフマンの世界である（B 四・三・三二）。すなわち、個体のアートマンは、熟睡状態においてブラフマンと合一するのである。この合一体験において、個体意識は消滅し、この世におけるあらゆる区別は解消する。

……あたかも愛する女に抱かれた男が、外のものも内のものも何も意識しないように、この神人も、叡知から成るアートマンに抱かれて、外のものも内のものも何も意識しないのです。……そこ（熟睡状態）においては、父も父ではなく、母も母ではなく、世界も世界ではなく、神々も神々ではなく、ヴェーダもヴェーダではなくなります。そこにおいては、盗人も盗人ではなく、胎児殺しも胎児殺しではなく、チャーンダーラ（最下層の賤民）もチャーンダーラではなく、パウルカサ（前者に次いで低い階層の賤民）もパウルカサではなく、遊行者も遊行者ではなく、苦行者も苦行者ではなくなります。彼は福徳に追随されることもなく、罪過に追随されることもありません。なぜならば、彼はそのとき心のあらゆる憂苦を渡りこえているからです。

（B 四・三・二一―二二）

夢と熟睡に関するこのような考察は、眼の中にいるインドラとその妻とが心臓内部の空間で睦み合うという、先述の睡眠の説明とまったく異なっている。火＝光を生命原理とする思想にもとづいて形成されたヤージニャヴァルキヤのアートマン論が哲学的に深められるにつれて、素朴な火の表象を離れたものとなって行ったように、睡眠の説明も、眼の中の人間、心臓内部の空間といった表象を離れたものとなり、睡眠は一時的なブラフマンとの合一と考えられるようになったのである。ただ、熟睡状態を説明する個所のはじめに、心嚢にある多数の脈管への言及が見られるが、その脈管の中へアートマンが熟睡に際して入るという記述もなく、前後の脈絡を欠いているので、伝承の混乱による挿入とみなすのが妥当であろう。

第七章　アートマンと外界――『カウシータキ・ウパニシャッド』の教説

破造物とは異なるもの

『ブリハッド』第二章において、アジャータシャトル王がバーラーキに教示した睡眠説には、ヤージニャヴァルキヤの思想的特徴を示す語が見られることをさきに指摘したが、心臓内部の空間、夢、熟睡の説明に続いて、目をさましたときのことを記した次の文には、注意を留める必要がある。

あたかも蜘蛛《くも》が〔自ら分泌する〕糸によって上に昇って行くように、あたかも火から微細な火花が飛散するように、それとまったく同じように、このアートマンから、一切の機能、一切の世界、一切の神々、一切の存在物が、諸方に出て行くのである。

（B　二・一・二〇）

……

ここには明らかにヤージニャヴァルキヤの学説とは異なった考え方が示されている。すでに見てきたように、彼は、解脱のときにも、一時的な解脱としての熟睡のときにも、アートマンが身体から離脱することを認めている。睡眠や死にさいして、アートマンは諸感官が分有している光の微粒子を摂取するが、眼・耳等の感官はもはや視覚・聴覚等の機能を営まないままあとに残される。アートマンは感官や身体とは別のものであって、その中に宿り、それから出て行く、というのがヤージニャヴァルキヤの思想である。アートマンが内制者であることを説く個所においても彼は、「地の中にあって地とは異なるもの」「気息の中にあって気息とは異なるもの」等の表現によって、アートマンが自然界の諸要素や人間の諸機能とは異なるものであることを明らかにしている。

この点において、彼の説は、元初の一者が創造主として万物を創造したのち、被造物の中に入りこむという創造神話に連なっている。アートマンの世界創造を説く『ブリハッド』一・四には、太初にただ独り存在していたアートマンが、未開展の状態にあった万物を、名称・形態によって個別的に分化したのち、その中に入って爪の尖端まで浸透したと述べられている。『タイティリーヤ』二・六には、一者が繁殖の意欲をおこして、苦行を修め、それによって生じた熱力で万物を生み出したのち、その中に入って、現存する、限定された形を持つものと、彼方の、未限定なものとになったと記されている。『チャーンドーギヤ』第六章に見られるウッダーラカの哲学においては、太初に「有」が繁殖の意欲をおこして熱・水・食物を順次に生み出したのち、生命としてのアートマンとなってその中に入りこみ、三要素の混合によってさまざまな名称・形態をつくり出した、と説かれている。ヤージニャヴァルキヤの所説においては、創造神話は影をひそめているが、アートマンが存在している万物の中へ入りこむという考え方は保持されているのである。諸感官や対象界はアートマンとは異なるものとして存在しているのであって、それらがアートマンから生ずるという思想は彼には見られない。

ただ、『ブリハッド』四・五におけるヤージニャヴァルキヤと妻マイトレーイーとの対話の中の、次の一節は注目される。

あたかも湿った薪で火が燃やされたとき、煙が諸方に分かれて立ち昇るように、ああ、まさにそれと同じように、この偉大な存在(アートマン)の息吹きが、リグ・ヴェーダ、ヤジュル・ヴェーダ、サーマ・ヴェーダ、アタルヴァ・ヴェーダ、史伝、古譚《プラーナ》、学問、秘儀的定句、詩節、綱要、解説、注釈、祭祀の生贄《いけにえ》、供物、食物、飲料、この世界、他の世界、また、すべての被造物なのである。これらすべてはまさしく彼の息吹きなのである。

(B 四・五・一一)

マイトレーイーとの対話はほとんど同文で、『ブリハッド』第二章にも収められているが、右の一節に対応する第二章の文には、祭祀の生贄以下が列挙されていない。つまり、アートマンの息吹きによって生み出されるものは、四ヴェーダをはじめとする知識の所産のみであって、犠牲獣や供物、また諸世界や被造物は、アートマンによってつくり出されるのではないのである。右の引用文において付加されている諸項目は、ドイッセンらに指摘されているように、他の個所のものが伝承の間に混入したと理解すべきであろう。

『リグ・ヴェーダ』をはじめとする右と同じ諸項目の列挙は、『ブリハッド』四・一・二に見出される。

まことに、語（発語機能）によって、大王さま、親族の者が知られるのです。リグ・ヴェーダ、……祭祀の生贄、供物、食物、飲料、この世界、他の世界、そしてすべての被造物は、大王さま、語によって知られるのです。……（B四・一・二）

これはジャナカ王との対話において、ヤージニャヴァルキヤが、人間の諸機能のいずれか一つをブラフマンとする説を批判して、それは四足が具わっていない「一本足のブラフマン」にすぎないと述べる個所の一節で、ここにあげられるのは語を聞くことによって知られるものであるから、「祭祀の生贄」以下の諸項目は不適切ではない。『リグ・ヴェーダ』にはじまる列挙の相似が、伝承の混同をもたらしたと考えられる。諸世界やすべての被造物がアートマンから生ずるという思想は、ヤージニャヴァルキヤには見られないのである。

叡知から成るアートマン

火から火花が飛び散るように、アートマンから諸機能や対象界が生じてくるという思想は、『カウシータキ』第三章に整然とまとまったかたちで展開されている。アジャータシャトル王に帰せられる『ブリハッド』二・一・一五―二〇の教説は、ヤージニャヴァルキヤの見解と、『カウシータキ』の所説とを混淆《こんこう》していると考えられる。

『カウシータキ』第三章は、神々の王インドラが、カーシー国王プラタルダナに向かって、「人間のために最もためになること」を教示するという構成になっているが、インドラはまず次のように言明する。

予は気息である。叡知《えいち》から成るアートマンである。このようなものとして予を、寿命《いのち》として、不死として念想せよ。気息は寿命であり、寿命は実に気息である。なぜならば、この身体の中に気息が宿っているかぎり、寿命があるからである。人はこの世界において、実に、気息によって不死に達し、叡知によって意図が実現されるのである。予を寿命として、不死として念想する者は、この世において寿命をまっとうし、天上界において不死、不滅に達する。（K 三・二）

これは明らかに、さきに考察した気息を生命原理とする思想（一〇二ページ以下参照）の系統に属する説であるが、その気息を「叡知から成るアートマン」と名づけているのは、アートマンを純粋精神としてとらえ、「認識から成るもの」とするヤージニャヴァルキヤ説の影響と考えられる。ただ、このウパニシャッドの所説には、関連あるいずれの思想とも異なった、きわめて特徴的な点が認められる。人が眠るとき、気息＝叡知から成るアートマンの中に、諸機能はその対象と共に入りこみ、人が目ざめるとき、それから諸機能および対象界が生じてくるというのである。

人が眠って何も夢を見ないとき、彼はこの気息の中で渾然《こんぜん》一体となるのである。そのとき、それ（気息）に、〔彼の〕語（発語機能）はあらゆる名称を伴ってはいりこみ、眼はすべての形を伴ってはいりこみ、耳はすべての音を伴ってはいりこみ、思考力はあらゆる思想を伴ってはいりこむ。

彼が目をさますとき、あたかも燃え立つ火からあらゆる方向へ火花が飛び散るように、この〔叡知から成る〕アートマン（気息）から諸機能（語ないし思考力）が、〔活動の〕拠点に応じて四散して行くのである。――諸機能からは神々（諸機能を司る神格）が。神々からは諸世界（対象）が。（K 三・三）

睡眠に際して気息の中に他の諸機能が入りこむということは、気息を生命原理とする思想の頂点を示す「摂収者《サムヴァルガ》」説（一一一ページ参照）に見られるが、諸機能がとらえる対象も気息の中に入るという説は、このウパニシャッドに独得のものである。諸機能と共に気息の中に入った対象界は、人が目ざめるときに、諸機能と共に、気息＝叡知から成るアートマンから再び生じてくる。「火から火花が飛散するように」アートマンから一切の機能、一切の存在物が散出するという『ブリハッド』第二章の叙述が、このウパニシャッドにもとづいていることは明らかであろう。

叡知要素と客体要素

独自の思想を表明しつつも、気息の中に入り気息から生ずる機能として、語（発語機能）、眼、耳、思考力を挙げている点に、古い気息＝生命説の名残りを、右の一節はなお留めているが、他の節には、その点においても独創性が示され、アートマンの本性である叡知と諸機能およびその対象の関係が、きわめて明確に説かれている。

語〔発語機能〕はそれ〔叡知〕の抽出された一部分である。名称がそれ〔語〕のかなた〔の外界〕に対応的に配置された客体要素である。……（K 三・五）

これに続いて、鼻、眼、耳、舌、手、身体、性器、足、思考力が、叡知の抽出された一部分――「叡知要素」と称せられる（K 三・八）――として挙げられ、それぞれに対応的に外界に配置された客体要素として、香り、形、音、味、動作、快・不快、歓喜・快楽・生殖、歩行、思想・願望が挙げられる。

各機能はそれ自体では対象をとらえることができない。叡知が各機能によって対象をとらえるのである。この点は、各機能がアートマンの光を分有するというヤージニャヴァルキヤの思想と異ならない。

人は叡知とともに語〔の駒〕にまたがり、語によってすべての名称に到達する。

……彼は叡知とともに思考力〔の駒〕にまたがり、思考力によってすべての思想〔・願望〕に到達する。

（K 三・六）

叡知から成るアートマンこそが認識主体である。ヤージニャヴァルキヤの表現をかりれば、それは「見ることの背後にある見る主体、聞くことの背後にある聞く主体……」なのである。十種の叡知要素と十種の客体要素とは、相互に依存しあっている。客体要素がなければ叡知要素はなく、また叡知要素がなければ客体要素はない。しかし認識の成立は、両要素が叡知から成るアートマンに依存していることによってのみ可能なのである。

たとえば、車の外輪が輻《や》に固定され、輻は轂《こしき》に固定されているのと同じように、これらの客体要素は叡知要素に固定され、叡知要素は気息に固定されているのである。この気息こそ叡知から成るアートマンであり、歓喜・不老・不死である。

（K 三・八）

『カウシータキ』第三章の所説はおおむね以上のようなものである。最後に、この気息＝叡知から成るアートマンは、善行によって増大することも悪行によって減少することもなく、それは世界の守護者であり、世界の君主、世界の主宰者であると述べられ、「それが私のアートマンである」と人は知るべきである、という結語が付されている。

このウパニシャッドは気息を生命原理とする思想に立脚しているが、アートマンを「叡知から成る」と性格づけているのは、さきに述べたように、アートマンを「認識から成る」ものとするヤージニャヴァルキヤ説の影響である。同じ影響は、アートマンが認識主体として諸機能において作用するという点にも（K 三・六）、またアートマンを歓喜となしている点にも（K 三・八）認められるであろう。アートマンは増大も減少もせず、世界の守護者・主宰者であるという表現も、『ブリハッド』四・四・二二においてヤージニャヴァルキヤが、「偉大な、不生のアートマン」について述べているところと一致している。このように『カウシータキ』第三章は、ヤージニャヴァルキヤ説の影響を強くうけているが、すでに考察したように、この世に存在するすべてのものがアートマンの中に入り、アートマンから再び生ずるという思想は、ヤージニャヴァルキヤには見られない、独得のものなのである。

「原人の歌」との関連

この思想の系譜をたどることはできないが、ただ、このウパニシャッドが『リグ・ヴエーダ』系統のカウシータキ派によって伝えられたものであることから「原人《プルシャ》の歌」に見られる思想との関連が想定されるであろう。『リグ・ヴェーダ』第十巻に収められる創造讃歌の一つである「原人の歌」については、大宇宙と小宇宙の対応関係について述べたときに言及したが、太初に神々が巨大な原人《プルシャ》を犠牲にして祭祀を行なったとき、原人の諸器官や身体の諸部分から自然界の諸要素が生じたという思想がそこに見られるのである。

月は意（思考器官）より生じたり。眼より太陽生じたり。口よりインドラとアグニ（火神）と、気息より風生じたり。臍《へそ》より空界生じたり。頭より天界は転現せり。両足より地界、耳より方処は。かく彼ら（神々）はもろもろの世界を形成せり。
（辻訳『リグ・ヴェーダ讃歌』三二〇―三二一ページ）

この讃歌に見られる思想は、同じく『リグ・ヴェーダ』系であるアイタレーヤ派所属の『アイタレーヤ・ウパニシャッド』（『アイタレーヤ・アーラニヤカ』二・四―六）に神話的に展開されている。

太初にただ独りこの世にあったアートマンは、創造の意欲をおこして、まず、天界・空界・地界、および地下の水界をつくった。ひき続いて彼はこれらの世界の守護神を創造しようとして、水から未だ混沌として形をもたない原人《プルシャ》をひき上げ、それを固まらせた。その原人をアートマンが温めると、割れ目ができて口腔となり、口腔から語（発語機能）が生じ、語から火神《アグニ》が生じた。次に鼻孔ができて、鼻孔から気息が生じ、気息から風神《ヴァーユ》が生じた。同様にして、原人の眼・耳・皮膚・心臓・臍・生殖器から、視覚・聴覚・体毛・思考力・アパーナ（腹部から下降する息）・精液が生じ、それぞれから、順次に、太陽・方位・草木・月・死・水が、世界守護神として生じた（一・一・一―四）。

創造されたこれらの神格は、大海に身を投じ、そこで飢えと渇きに苦しめられ、食物を食べるための拠りどころを求めたところ、創造主アートマンが人間《プルシャ》（原人に小宇宙的に対応する）を連れてきたので、これを恰好《かっこう》の拠りどころとして、その身体の各部分に入りこんだ（一・二・一―四）、と『アイタレーヤ』の神話は続けられている。

『カウシータキ』がヤージニャヴァルキヤ説から相違する点、すなわち、アートマンから叡知要素である語（発語機能）ないし思考力のみではなく、客体要素としての対象界も生ずるという思想は、原人《プルシャ》の器官その他の身体の部分から火・風等が世界守護神として生じたという『アイタレーヤ』の創造神話に共通するものと理解してよいと思われる。そしてその思想の源流は、『リグ・ヴェーダ』の「原人の歌」にみとめられるのである。

ただ、『カウシータキ』においてこの思想は、気息を生命原理とする説と結びつき、さらに、認識主体としてのアートマンを深く考察したヤージニャヴァルキヤの哲学の強い影響をうけて、アートマンから諸機能ならびに客体的存在が生ずるという関係を実在論的立場から説明するのではなく、アートマンを「叡知から成るもの」と規定し、それを根底にして諸機能とそれがとらえる対象、すなわち叡知要素と客体要素との相関関係が成り立つことを明示する学説としてまとめられているのである。

エピローグ

初期ウパニシャッドの最高峰をなす思想は、個体の本質アートマンが最高実在ブラフマンにほかならないことを、自己の内面において直覚する神秘体験を拠りどころとするものであるが、その体験の反省的表出においては、素朴な古代的表象にたより、あるいは呪術・祭式学的思考法によるなどの方法がとられていることを明らかにしてきたが、すでに紙数を超えたので、後代への推移をごく大雑把に展望して、初期ウパニシャッドについて考察した本書の結びとしたい。

アートマン＝ブラフマンの自覚において、生の充実と高揚を体験した者にとって、日常的な生は虚妄のものであり、苦に満ちたものであると述べたが、初期ウパニシャッドには、未だ現世否定の精神はさほど顕著ではない。しかし、やがて仏陀《ブッダ》やマハーヴィーラ（ジャイナ教の開祖ヴァルダマーナに対する尊称）が活動する時代（前五世紀）となり、彼らによって現世が苦しみの場であることが痛切に自覚され、現世的なものに対する欲望と執着が、苦を増大させる要因であることが強調されるようになる。感覚的な享楽のはかなさに対する深刻な自覚は、前四世紀ごろに成った中期ウパニシャッドにも、それと前後する時代の哲学・宗教思想を反映している大史詩《しし》の哲学的章節にも見られる。

欲望のとりことなり、苦にまきこまれている虚妄な自己から脱却するために、神秘思想家が歩んだのは内面への道であった。ひたすら内面への道をたどるために、世俗の生活を捨てて遊行者となることは、初期ウパニシャッドのころから行なわれていた。昔の知者たちはアートマンを求めて、あらゆる願望を捨て去り、乞食の遊行生活をした、とヤージニャヴァルキヤは語っている（B 四・四・二二）。彼自身も、妻マイトレーイーにアートマンについて教示したのち、家を捨てて遊行生活にはいった（B 四・五・一五）。

遊行者《パリヴラージャカ》、乞食《ビクシュ》（比丘）という生活形態は、正統婆羅門圏外の行者に起源を持つもので、その伝統は仏教やジャイナ教が興起する時代に輩出した沙門《シュラマナ》に連なると考えられる。仏陀とマハーヴィーラも沙門となって修行をしたが、彼らはいずれも婆羅門ではなく、王族出身者であった。しかし、すでに初期ウパニシャッドの時代において、婆羅門たちの間にも遊行者となる者があらわれ、やがて人生における四生活期《アーシュラマ》の観念が成立し、法典に規定されるようになったときには、遊行者あるいは世俗の生活を棄却《サンニャーサ》した離俗者《サンニャーシン》の状態が組みこまれて、第四の生活期をなすものとされた。師匠の家に住みついてヴェーダ聖典を学習する学生《がくしょう》期、結婚して家長となり、家庭の祭祀を実施し、子孫をもうけ、社会的義務を行なう家長《かちょう》期を経過した者が、森に隠退して簡素な生活をおくり、略式の祭祀や瞑想・苦行を行なうのが第三の林住《りんじゅう》期であるが、その後に一切の所有を捨てて離俗者となり、遊行遍歴の生活をする（遊行期《ゆぎょう》）のが人生の理想とされたのである。

初期ウパニシャッドにおいて、最高実在と一体のものとしてのアートマンを直観するための方法は、ブラーフマナ時代の呪術的思考法に由来する念想《ウパーサナ》であった。この方法にかわるものとして、やがてヨーガの実修法が確立される。

「ヨーガ」（yoga）は動詞 yuj-（結びつける）から造られた語で、もと馬に軛《くびき》をつけることを、車に馬を繋ぐことを意味したが、中期ウパニシャッド以降、それが精神統一の行法を表わす術語となった。ただし、静かに坐して感官を制御し、心を一つの対象に専注し、しだいに意識作用を滅して自己から離脱する修法は、仏教やジャイナ教が興起した時代から広く行なわれていたことが知られている。その修法は「禅定《ディヤーナ》」「三昧《サマーディ》」という語で表わされるが、後に整備されるヨーガの体系には、禅定・三昧が組みこまれている。

中期ウパニシャッドにはかなり具体的なヨーガの記述があらわれる。平坦で清浄な、諸条件が具わった場所の選定、胸・頸・頭を直立させる坐法、思考力による感官の抑制、呼吸の調節などが規定され、実修が進むにつれて体験されるさまざまな幻覚や、心身が軽快になり、顔色がすぐれるなどといったヨーガの効果も記されている。そして、ヨーガ実修の極致において、人はブラフマンの実相を認識して、あらゆる束縛から解放されると述べられるのである。第Ⅲ期のウパニシャッド、大史詩のなかの哲学的章節や宗教詩『バガヴァッド・ギーター』には、ヨーガに関するいっそう詳しい記述が与えられるようになる。そして西暦四—五世紀ごろになると、さまざまな系統のヨーガを統合した古典ヨーガの体系が成り立ち、教説の綱要書『ヨーガ・スートラ』が編纂されるのである。

哲学的には、アートマンを現象界とかかわりをもたない超越的なものとする傾向が強められた。ヤージニャヴァルキヤはアートマンを「認識から成るもの」と性格づけ、視覚・聴覚などの背後にある認識主体としてとらえた。ところが、中期ウパニシャッドのころからしだいに形成されたサーンキヤ学説においては、純粋精神《プルシャ》（＝アートマン）は対象の認識にまったく関与しないと説かれている。サーンキヤ哲学は純粋精神と物質原理としての原質《プラクリティ》とを峻別する二元論であるが、認識作用を行なうのは原質から開展した理性《ブッディ》である。それは月が太陽の光を反射することによって物を照らし出すように、純粋精神の知性を反映して対象を認識する。そして純粋精神はただ理性の活動を意識するのみで、自らは認識作用を行なわないのである。

このような学説が形成されたのは、アートマンが視覚・聴覚などによって対象とかかわりをもつかぎり、それは束縛をまぬがれることができないと考えられたからであろう。サーンキヤ学説においては、現象とかかわりをもたない純粋精神の独存が、この世の苦からの解脱であるとされるのである。

中期ウパニシャッドには右に言及した以外にも注目すべき特徴が見られる。それは神への信愛《バクティ》、神の恩寵《プラサーダ》の思想があらわれていることである。この思想の背景には、ルドラ＝シヴァ神ならびにヴィシュヌ神に対する信仰の生成がある。これらの人格神に対する信仰は、初期ウパニシャッドの神秘思想との必然的な結びつきを持つものでもなく、また、その起源をたずねるのは、ヒンドゥー教の形成という大きな問題に連なることでもあるので、いまはここで筆を止めることとしたい。

講談社学術文庫版あとがき

このたび旧著『古代インドの神秘思想――初期ウパニシャッドの世界』（講談社現代新書、昭和五四年）が学術文庫の一冊として再刊されることになったのは、著者としてまことに喜びにたえない。

ウパニシャッドに対する「奥義書」という訳語はいつから用いられたのかいま詳かにしないが、弟子が師の「近くに（upa-）坐し（ni-ṣad）」て、直々に伝授された秘説を収録した文献という、マックス・ミュラーやドイッセンの解釈の影響がそこには明らかに認められる。ウッダーラカ・アールニが息子のシュヴェータケートゥに「タット・トヴァム・アシ」（二六ページ参照）の真理を教える一節や、ヤージニャヴァルキヤがジャナカ王に不老・不死のアートマンについて説く一節など、ウパニシャッドの幾つかのさわりだけを読むかぎりでは、「奥義書」でよいかもしれないが、ウパニシャッドには秘説とはいえないさまざまな説が収められており、また、祭式的・呪術的思考や、素朴な古代的観念が随処に見出される。

古典期の思想体系の研究に携わっていた私にとって、ウパニシャッドはヴェーダーンタ哲学の源流という以上のものではなかったが、その後、フラウヴァルナーの『インド哲学史』(Geschichte der indischen Philosophie, 2 Bde. 1953-56)によってウパニシャッドの思想の解釈に一つの視点を与えられた。この碩学の著作の全巻にわたって示される鋭い思想史的洞察には啓発されるところ多大であったが、ウパニシャッドについても、その慧眼《けいがん》に敬服することがよくあった。ギリシアの自然哲学者たちのように自然的要素である水・風(気息)・火を生命原理とする思想をウパニシャッドの中に見出し、それが素朴な観念を統合しつつ一つの体系的思想へと形成されてゆく過程を、右の著作は、諸所に散見される資料に基づいて明らかにしていた。

ウパニシャッドへの興味を触発されてからは、オルデンベルクの著作をはじめ、シャイエルその他の学者たちの論文を読み、ウパニシャッドが「奥義書」であるよりも、祭式的・呪術的思考に深い関係があることが明らかにされているのを知るようになった。第二次世界大戦による休止期を経て、二十世紀後半にインド古典学が再興され、一九五〇―六〇年代には、ルヌー、ティーメをはじめとする錚々《そうそう》たる学者たちが、ウパニシャッド思想に関する論考を発表したが、それらにおいても祭式的・呪術的思考がその基調となっていることが認められていた。

こういう国際学界の動向を日本のインド学にも反映させたいと思っていたところ、講談社現代新書の編集部におられた田代氏から古代インドの神秘思想についての執筆を勧められ、執筆の機を得るまでに両三年を要したが、ようやく書き上げることができた。とくに「祭式から哲学へ」の移行については、ヴェーダ祭式については極めて乏しい知識しかもっていないことをよく自覚しながらも、オルデンベルクに多くを負いつつまとめてみた。

ウパニシャッドについてはすぐれた文献解説はあるが、そこに見られるさまざまな教説の内容を、思想史的な観点からまとめた著作はなかったので、本書は幸いに好評を以て迎えられ、本書によってヴェーダ祭式研究を動機づけられたと言ってくれる後進もあった。

旧版が刊行されてから四分の一世紀の間に、ヴェーダ祭式の研究は、儀礼・思想・言語のいずれの面においても著しい進歩をとげた。喜ばしいことに、この国際的な研究動向には幾人かの日本の学者も参与して、すぐれた業績をあげている。近年の研究の成果がウパニシャッドの一節の解釈に新たな光を投じている例もあり、今後とも研究の進展に基づく新たな見解が提示されるであろう。ここではそれらに触れることはひかえて、旧版に若干の語句の改訂をほどこすにとどめることとなった。

最後に、この文庫版の出版についていろいろとご尽力下さった学術文庫出版部の稲吉稔さんに対する心からの謝意を記しておきたい。

二〇〇五年八月

服部正明

講談社学術文庫版解説

赤松明彦

この本が、講談社現代新書の一冊として出版されたのは、昭和五十四（一九七九）年である。当時、私は大学院の博士課程の学生として、服部正明先生のインド哲学史講座に所属し、いつになったらサンスクリットがスラスラ読めるようになるのかと思いながら原書と格闘していた。この本が出版されたときのことは、よく覚えている。第一印象は、「服部先生らしい本だ」、というものであった。自制がきいており、硬質で、細心の注意が払われ、水晶の結晶のように端正である。読者は、最初、ある種のとっつきにくさを覚えるだろう。しかし、読み進むうちに、どの一語どの一句もおろそかにしないで論を進めるその姿勢に、信頼感をもつことになる。今回、学術文庫となって判型も変わったが、このいから、かえってそれが増したかもしれない。いや、新書版では章ごとの扉についていた図版が今回はない。

実は、原著が出たとき、われわれ学生の間でまっさきに話題になったのは、杉浦康平氏の装丁であった。当時の現代新書は、いずれも氏の装丁になるものであったと思うが、この本の表紙のカットには、「宇宙の誕生」をテーマとする十八世紀のラジャスタンの絵画（と称するもの）が使われていた。黄金のキノコ雲を思わせるその絵は、しかし当時の、つまり六〇年代後半から七〇年代にかけての流行語で言えば「サイケデリック」そのものであった。杉浦康平氏の意匠は当時なじみのものではあったが、服部先生の本の表紙としては、やや違和感があったのである。

この違和感は、先生自身のものでもあったかもしれない。本のタイトルが、「古代インドの神秘思想」ということで、当時流行のオカルティズムと一緒にされてしまうのではないかという危惧の念をもらされたこともあった。本文中にもそれへの断りが述べられている（五ページ、四三ページ）。とは言っても、この本は、「初期ウパニシャッドの核心をなす思想を、神秘思想としてとらえながら、それを思想史的な連関のもとに解明すること」（四七ページ）を徹頭徹尾めざしたものである。「神秘思想としてとらえる」ということの軸には、いささかのぶれもない。

では、初期ウパニシャッドの核心をなしている思想とはどのようなものか。定式として言えば、それは「アートマンとブラフマンの合一の思想」、「個体の本質であるアートマンと最高実在ブラフマンとの一体性の自覚」ということになる。そして、これを「神秘思想」としてとらえるということは、その思想が、「絶対者との合一の体験」によって支えられているとみなすということにほかならない。おおよそ神秘思想である限り、その根底には神秘体験がある。したがって、本書に登場するウパニシャッドの思想家たちは、いずれも神秘体験家として描かれることになる。

たとえばそのような思想の先駆者シャーンディリヤについては、「主体の内奥に絶対者が自らを顕わし出していることをありありと直覚して、その体験を驚きと感動をもってうたいあげたのはシャーンディリヤであった」（四四ページ）と語られる。本書における服部先生の筆致は、実は極めて冷静で理知的であり、淡々としていると言ってよいと思うが、このシャーンディリヤの描写と、もうひとりヤージニャヴァルキヤの思想に関連しての次のような叙述だけは、ややトーンの高い印象を与えるものとなっている。

内観の道を歩む者は、その究極において、自己を対象化しようとする自己を突破しなければならない。そのことは、自己の最内奥に絶対者が顕われ出ていることを直観

するとき、すなわち絶対者との合一を体験するときに可能となる。（一八二ページ）

ウパニシャッドの思想を神秘思想ととらえ、そこに登場する人物たちを神秘家として理解したのは、十九世紀末から二十世紀初めにかけて活躍したインド学の巨人ヘルマン・オルデンベルクであった。オルデンベルクは、ヴェーダ学全般の基礎を築いた学者である。服部先生のこの本も、ウパニシャッド思想の思想史的位置づけに関しては、基本的にオルデンベルクの見解に従ってその論が進められている。第一章から第三章、とりわけ「祭式から哲学へ」と題された第二章に示された思想史的解釈の枠組みは、オルデンベルクに従ったものと言うことができるだろう。ただし、そこに盛り込まれている内容は、インド学の当時の最新の学問的成果をも反映したものであった。

原著の出版に先立って、昭和四十四（一九六九）年に、ウパニシャッドの部分的な翻訳を、先生は発表されている（中央公論社「世界の名著」1『バラモン教典・原始仏典』所収）。簡明な訳文と、厳密で詳細な注記、そして序文でのウパニシャッド思想についての明解な説明は、この分野の学問がどのようにして行われるべきものであるかを、われわれ学生を含め広く一般の人にまではっきりと知らせるものであった。

そこでの多くの注記が、より詳細な論述のかたちをとって現れたのが、この本であると言ってよいだろう。たとえば、ウパニシャッドの思想の重要な要素として、「同置の心的過程としての念想」(ウパース、ウパーサナ)や「神秘的同一化」(アーデーシャ)が、ここでは特に注目されている。そして、「ウパニシャッド」という語もまた、それらと同じ「同置する思考法」に関連するものであると結論づけられている(六二ページ)。「師匠のそば近くに坐して(ウパ・ニ・シャッド)教えられるべき秘密の教説」という一般に流布している説をしりぞげ、この結論が提示されているのであるが、この背後には、十九世紀末のオルデンベルクとドイッセンの論争に始まり、シャイエルの補正を経て、ルヌー、さらにはティーメの統合的解釈に至るまでの研究の歴史がある。この研究史を踏まえ、さらには当時の最新の研究成果であった井狩彌介氏の論考をも参照して出されたのが、右の結論なのであった。

続く第四、五、六章では、ウッダーラカとヤージニャヴァルキヤという二人の人物の思想が論じられるが、そこでは主としてフラウヴァルナーのウパニシャッド解釈に基礎を置いて、議論がなされている。フラウヴァルナーは、インド哲学の分野では二十世紀を代表する学者であり、服部先生とも深い学問的連帯があった。

このように見てくると、この本がウパニシャッドの単なる紹介を目的とした本でないことが、はっきりと理解されるだろう。ここでめざされたのは、当時の世界の学界におけるウパニシャッド研究の歴史とその到達点を示すことであった。ウパニシャッド研究の全体を総合的に示すことは、新書という制約もあってもとより不可能である。そこで選ばれたのが、「神秘思想としてとらえる」という観点の採用であったのである。思想史的方法によるウパニシャッド研究のひとつの到達点として、この本は長くスタンダードとしての位置を占め続けるに違いない。

この本が最初に世に出てから、すでに二十数年が経っている。近年、ヴェーダ学の分野での研究の発展には著しいものがある。この本の中でも名前があげられていたティーメ、ルヌー、フラウヴァルナーといった学者の薫陶を受けた研究者たちによって、ブラーフマナ文献やウパニシャッド文献が、まったく新たな地平から研究されるようになっている。新たな研究は、言語学的・文献学的方法を基礎にして、歴史学・地理学・人類学的な見地にも立って、諸文献を生み出した学派や、文献に叙述される種々の祭式・儀礼について、社会的にも文化的にもかなりリアリティーのある像を提示するものとなってきている。

本書の第一章でも語られていたように、ウパニシャッドに対する関心はもともと「哲学的」であった。それはヨーロッパでも日本でも変わらなかった。しかしウパニシャッド研究の今日の傾向は、思想史的な解明、あるいは「神秘思想としてとらえる」という枠組みからは、抜け出すものとなっていると言うことができるだろう。そのような新しい研究の動向について語ることは、ここでの解説者の任を越えているが、最近の研究のうちで特におもしろかったものを、ひとつだけ紹介して解説の結びとしよう。

「観点のコペルニクス的転回」とは、その著者であるワルター・スライエ自身の言葉であるが、「水と塩」と題された論文は、「おまえはそれである」というウッダーラカ・アールニのあの有名な教説に関連している。彼が息子のシュヴェータケートゥに、「おまえはそれである」と教えたとき、「水に溶けた塩」がたとえになっていた（一四六ページ）ことは、読者も覚えているだろう。

スライエは問う。溶け合っているとはいえ、水と塩という二つの異なった実体をもちだして、果たしてこれは万物に内在するアートマンのたとえになっているのかと。たとえがまずいのか、それともわれわれの理解がまずいのか。各種の文献の用例を検討して、スライエは結論に到達する。「水と塩とは実体として等しいのだ」と。ここでの「水」とは、海水つまり液体の塩のことであり、「塩」とはそこから取り出された固体にほかならないのである。そう言われてみれば、塩水に溶けてしまった塩のほうが、本質的同一性のたとえとしては、なるほど確かにふさわしい。

こうした様々な方法を通じて積み重ねられてきた知識の上に、ウパニシャッドは、さらに再び読み直されていくことになるのである。

＊　＊　＊

服部正明先生は、一九二四年七月八日のお生まれです。今年でちょうど一〇〇歳を迎えられました。この言祝ぐべき年に、名著の誉れ高い『古代インドの神秘思想』が、法蔵館文庫の一冊として再刊され、新しい読者のもとに届けられることになったことは、まことに喜ばしいかぎりです。先生は、いまも若い研究者たちから送られてくる論文は必ず読まれて、時に厳しい指摘をされたりもしています。インド哲学者は、文献学者の厳密さと哲学者の柔軟さをあわせもつことが必要ですが、先生は今もこのバランスを絶妙に保ちながら、学者としての日々を過ごしておられます。あやかりたいものです。

（二〇二四年四月追記）

（京都大学名誉教授）

引用文献索引

＊は和訳せずに言及した個所を，（＊）は本文中に出典を記さずに言及した個所を示す。

ブリハッド・アーラニヤカ・ウパニシャッド（B）

服部正明（はっとり　まさあき）
1924年，東京に生まれる。京都大学文学部卒業。1961-88年，京都大学文学部助教授，教授。専攻は，インド哲学史。著書に，*Dignāga, On Perception*（Harvard University Press），『認識と超越〈唯識〉』（共著，「仏教の思想」4，KADOKAWA），翻訳に，「ウパニシャッド」（抄）他五編（中央公論新社，「世界の名著」1『バラモン教典・原始仏典』所収）などがある。

古《こ》代《だい》インドの神秘《しんぴ》思《し》想《そう》
初期《しょき》ウパニシャッドの世《せ》界《かい》

二〇二四年七月一五日　初版第一刷発行

著　者　服部正明
発行者　西村明高
発行所　株式会社法藏館
京都市下京区正面通烏丸東入
郵便番号　六〇〇-八一五三
電話　〇七五-三四三-〇〇三〇（編集）
〇七五-三四三-五六五六（営業）

装幀者　熊谷博人
印刷・製本　中村印刷株式会社

ISBN 978-4-8318-2670-1　C1110

法蔵館文庫既刊より

価格税別

ふ-2-1

増補 戦国史をみる目 藤木久志著

斬新な戦国時代像を描き、後進に多大な影響を与えた歴史家・藤木久志。その歴史観と学問・思想の精髄を明快に示す論考群を収録した好著の増補完全版。解説＝稲葉継陽

1500円

は-2-1

古代インドの神秘思想 初期ウパニシャッドの世界 服部正明著

最高実在ブラフマンと個体の本質アートマンの一致とは何か。生の根源とは何かを洞察する古代インドの叡知、神秘思想の本質を解明する最良のインド思想入門。解説＝赤松明彦

1100円

か-2-1

インド人の論理学 問答法から帰納法へ 桂紹隆著

インド人の思考法は、観察から法則を導き出す帰納法的思考であった。事実に基づく論証法がインドでどのように展開したのか。その淵源を仏教の縁起の教えに見出した名著。

1300円

さ-3-1

ブッダとサンガ 〈初期仏教〉の原像 三枝充悳著

一人のブッダから多くの仏が生まれたのはなぜか。サンガはどのように成立したのか。仏教の根本問題を論旨明快な叙述で解きほぐす、恰好のインド仏教史入門。解説＝丸井 浩

1100円

に-1-1

仏教文化の原郷 インドからガンダーラまで 西川幸治著

伽藍、仏塔、仏像、都市、東西文化交流……近代以降、埋もれた聖跡を求めて数多行われた学術探検隊による調査の歴史をたどりつつ、仏教聖地の往事の繁栄の姿をたずねる。

1400円